Andrea Mayer

DIE FÜNFZIGERJAHRE
Deutsches Alltagsleben in Ost und West

PALM VERLAG

Achtung!

Sie verlassen nach 40m. West-Berlin

Vor dem Bau der Mauer 1961 konnten die West-Berliner noch durch das im Osten der geteilten Stadt liegende Brandenburger Tor blicken.

DIE FÜNFZIGERJAHRE IN OST UND WEST

1949 begann in Deutschland eine neue Zeitrechnung. Die vier Besatzungszonen, in denen die Siegermächte des Zweiten Weltkriegs sich eingerichtet hatten, wurden in zwei separate Staaten aufgeteilt. Ein Riss durchzog das Land. Mit diesem Riss zu leben, sich darin einzurichten, das beschäftigte die Menschen in den nun folgenden Jahren.

Die beiden Staaten Bundesrepublik und DDR bemühten sich, international anerkannt, integriert und geachtet zu werden. Während vielerorts die Hoffnung glimmte, dass eine Vereinigung noch möglich sei, zementierten die Machthaber den Graben und schufen klare Verhältnisse. Sie hatten 1948 jeweils eigene Währungen eingeführt, stellten nun zwei Armeen auf, im Westen 1955 die Bundeswehr, im Osten 1956 die Nationale Volksarmee, und fügten sich in die konkurrierenden politischen Systeme ein. Die Bundesrepublik bekannte sich zu Demokratie und Marktwirtschaft nach US-amerikanischem Vorbild. Die Pariser Verträge, die 1955 in Kraft traten, sicherten dem Land von westlicher Seite staatliche Souveränität zu und besiegelten den Beitritt zur NATO und damit die Westintegration des Landes. Die DDR wurde zu einem sozialistischen Bruderstaat der stalinistischen Sowjetunion, unterzeichnete den Warschauer Vertrag und wurde so fest in den Ostblock eingebunden. Die

innerdeutsche Grenze teilte nicht nur einen ehemals geeinten Staat, sie trennte Weltanschauungen, Einflusssphären und politische Systeme. Zwischen Weimar und Wetzlar wurde der Eiserne Vorhang langsam zugezogen.

Aber nicht nur politisch bewegten sich die beiden neuen Staaten auseinander. Gerade im wirtschaftlichen Bereich klaffte eine wachsende Lücke zwischen Ost und West. Anfang der 50er waren die Auswirkungen des Krieges noch überall zu spüren und zu besichtigen: Trümmer, Ruinen, Wohnungsmangel, Notunterkünfte und Kriegsversehrte erinnerten die Deutschen an ihre Vergangenheit. Doch während in Westdeutschland mithilfe des Marshallplans langsam der Wohlstand einzog und sich das Wirtschaftswunder ereignete, das später zum Gründungsmythos des Landes wurde, tat sich der Osten schwer, sich ökonomisch wieder aufzurichten. Die sowjetischen Soldaten hatten länger und umfangreicher als die anderen Siegerarmeen die Industrie in ihrer Besatzungszone demontiert. Das war in der DDR auch in den 50er-Jahren noch zu spüren.

Doch trotz der deutschen Teilung war noch Bewegung zwischen den beiden Staaten möglich: In Berlin gab es weiterhin offene Zonengrenzen, und die Stimmen, die eine Aufhebung der unsäglichen Teilung forderten, waren beiderseits der Grenze noch laut. Die deutsche Einheit war als Ziel sogar im 1949 in Kraft getretenen Grundgesetz verankert. Und die vom Kulturminister der DDR, Johannes R. Becher, gedichtete Nationalhymne der DDR beschwor „Deutschland, einig Vaterland". Der Arbeiteraufstand in der DDR vom 17. Juni 1953 weckte in vielen die Hoffnung, dass ein Umbruch noch möglich sei.

Trotz dieser unterschiedlichen Entwicklungen gab es viele Gemeinsamkeiten zwischen Ost und West. Sie zeigten sich vor allem im Alltag der Menschen, und zwar zu Beginn der 50er-Jahre mehr als gegen Ende. Die meisten Deutschen drängten sich mit mehreren Familien oder zumindest Generationen in zu kleinen Wohnungen, alle hatten lange Arbeitszeiten und die Hausarbeit war ohne die technischen Helfer späterer Jahre ein mühsames Unterfangen. Die aus Krieg und Gefangenschaft heimgekehrten Männer waren traumatisiert und hatten Mühe, sich in ihre Familien einzugliedern. Menschen in Ost und West mussten sich mit dem Holocaust und ihrem eigenen Anteil daran auseinandersetzen, auch die Kriegstoten waren noch nicht vergessen. Sekundärtugenden wie Fleiß, Disziplin, Pflichtbewusstsein und Sauberkeit standen in beiden Staaten hoch im Kurs, weil sie notwendig waren, um den Phönix Deutschland aus seiner Asche zu holen.

In beiden Staaten gab es einen großen Drang, die NS-Vergangenheit zu vergessen, nach vorne zu schauen und ein neues, besseres Leben zu beginnen. In der DDR waren Frieden, Solidarität und Sozialismus die Schlagwörter, mit denen dies gelingen sollte, in der Bundesrepublik hießen die Parolen Wohlstand, Wachstum und Demokratie. Doch die Menschen hüben wie drüben teilten oft dieselben Sehnsüchte: nach Sicherheit, politisch und materiell, nach Vergnügen und Ablenkung, nach Arbeitserleichterungen und Freizeit. Sie wünschten sich Wohnungen mit Gas- oder Ölheizung und fließend warmem Wasser, eine jährliche Urlaubsreise, ein Auto, einen Kühlschrank, einen Fernseher, elegante, moderne Kleidung und gutes Essen.

Das Jahrzehnt hat viele eindrückliche Bilder hinterlassen, die das dokumentieren. Auch wenn die meisten Menschen noch keinen Fotoapparat besaßen, machten sich doch einige auf, all die kleinen Details einzufangen, die das Leben der 50er-Jahre prägten, die Cocktailsessel und Petticoats, die Motorroller und Musikmöbel, die Massendemonstrationen und Flüchtlingslager. Oft waren Zeitschriften Auftraggeber für diese Fotografien, die meist schwarz-weiß sind, obwohl die ersten Farbfilme bereits in den 30er-Jahren von Agfa und Kodak auf den Markt gebracht worden waren. Viele Fotos wurden nachträglich koloriert, denn das Leben der 50er-Jahre war bunt, und so wollte man es auch auf den Fotos sehen: mit pastellfarbenen Möbeln, knalligen Oberhemden und abstrakt gemusterten Tapeten.

All diese Bilder, zeigen sie nun Alltag oder große Politik, liefern ein berührendes Bild einer Zeit, die den Grundstein legte für 40 Jahre deutsche Teilung, in der vieles noch unsicher und veränderbar war, der Kalte Krieg aber mit Macht die Positionen festigte. Das Jahrzehnt war zu Ende, als die DDR 1961 beschloss, mit einer Mauer die Trennung endgültig zu machen. Dass sie am Ende doch endlich war, konnte damals niemand ahnen.

Bei einer Sitzung des Deutschen Bundestages im Dezember 1954 wurde über die Pariser Verträge debattiert. Am Rednerpult stand Bundeskanzler Konrad Adenauer. Der erste Bundeskanzler trat kompromisslos für die Einbindung der Bundesrepublik in die westliche Staatengemeinschaft ein.

Europäische Einigung: Am 25. März 1957 wurden im Konservatorenpalast in Rom die Römischen Verträge unterzeichnet. Die Regierungschefs von Belgien, Frankreich, Italien, Luxemburg, den Niederlanden und der Bundesrepublik Deutschland riefen damit die Europäische Wirtschaftsgemeinschaft (EWG) und die Europäische Atomgemeinschaft (Euratom) ins Leben. Die beiden Institutionen ergänzten die Europäische Gemeinschaft für Kohle und Stahl (EGKS), die bereits 1951 gegründet worden war. Eine europäische Verteidigungsgemeinschaft zu etablieren war allerdings 1954 gescheitert.

Am 26./27. August 1959 besuchte Dwight D. Eisenhower als erster Präsident der USA die Bundesrepublik Deutschland. Eisenhower, auch Ike genannt, war während des Krieges Oberbefehlshaber der alliierten Truppen und später Militärgouverneur über die amerikanische Besatzungszone gewesen. Auf dem Weg zu Bundespräsident Theodor Heuss und dessen Nachfolger Heinrich Lübke wurde Eisenhower von der Menge begeistert gefeiert, obwohl seine Politik gegenüber kriegsgefangenen Deutschen ab 1945 teilweise den Genfer Konventionen widersprochen hatte.

203

Mithilfe dieses Wahlplakats sicherte sich Konrad Adenauer (CDU) seine Wiederwahl zum Bundeskanzler am 15. September 1957.
Nicht nur die CDU, sondern auch die CSU warb fast ausschließlich mit seiner Person.

Die Pressemeldung des DDR-Nachrichtendienstes ADN auf der Rückseite des Bildes lautete: „4.5.1959: Bei unserer Deutschen Grenzpolizei. In allen Teilen unserer Republik steht die Deutsche Grenzpolizei auf Friedenswacht. Mit besonderem Interesse versehen die Soldaten an den Grenzen unserer Heimat ihren Dienst. Sie sind sich des verantwortungsvollen Auftrages bewußt, den sie vom Arbeiter- und Bauernstaat erhalten haben. Die enge Zusammenarbeit mit der Bevölkerung garantiert den Erfolg." Die 1946 gegründete Deutsche Grenzpolizei (DGP) war mit dem Schutz der Staatsgrenze, vorrangig der innerdeutschen Grenze, beauftragt.

Bereits vor der Gründung der Nationalen Volksarmee NVA 1956 gab es in der DDR bewaffnete Truppen: die Kasernierte Volkspolizei KVP. Sie wurde 1952 gegründet und 1956 in die NVA integriert. Sie demonstrierte die Bereitschaft der DDR, ihre staatliche Souveränität auch militärisch zu verteidigen. Die DDR verfügte also mit der KVP lange vor der Bundesrepublik über eine Armee. Hier paradiert die KVP vor dem Berliner Dom.

Auf dem V. Parteitag der SED in Ost-Berlin vom 10. bis zum 16. Juli 1958 verkündete Walter Ulbricht (Mitte) die „Zehn Gebote der sozialisti-schen Moral und Ethik", auch „Zehn Gebote für den neuen sozialistischen Menschen" genannt. Ulbricht war zu dieser Zeit Erster Sekretär des Zentralkomitees der SED. Links von ihm steht Nikita Chruschtschow, Erster Sekretär des ZK der KPdSU, und rechts Ministerpräsident Otto Grote-wohl, Mitglied des Politbüros. Abgesehen von einigen sozialistischen Kampfausdrücken erinnern die Gebote zum Teil an die Moralvorstellungen, die auch auf der anderen Seite der innerdeutschen Grenze galten. Das neunte Gebot sollte zum Beispiel die Familie schützen: „Du sollst sauber und anständig leben und Deine Familie achten." Das siebte Gebot forderte Fleiß: „Du sollst stets nach Verbesserung Deiner Leistung streben, sparsam sein und die sozialistische Arbeitsdisziplin festigen."

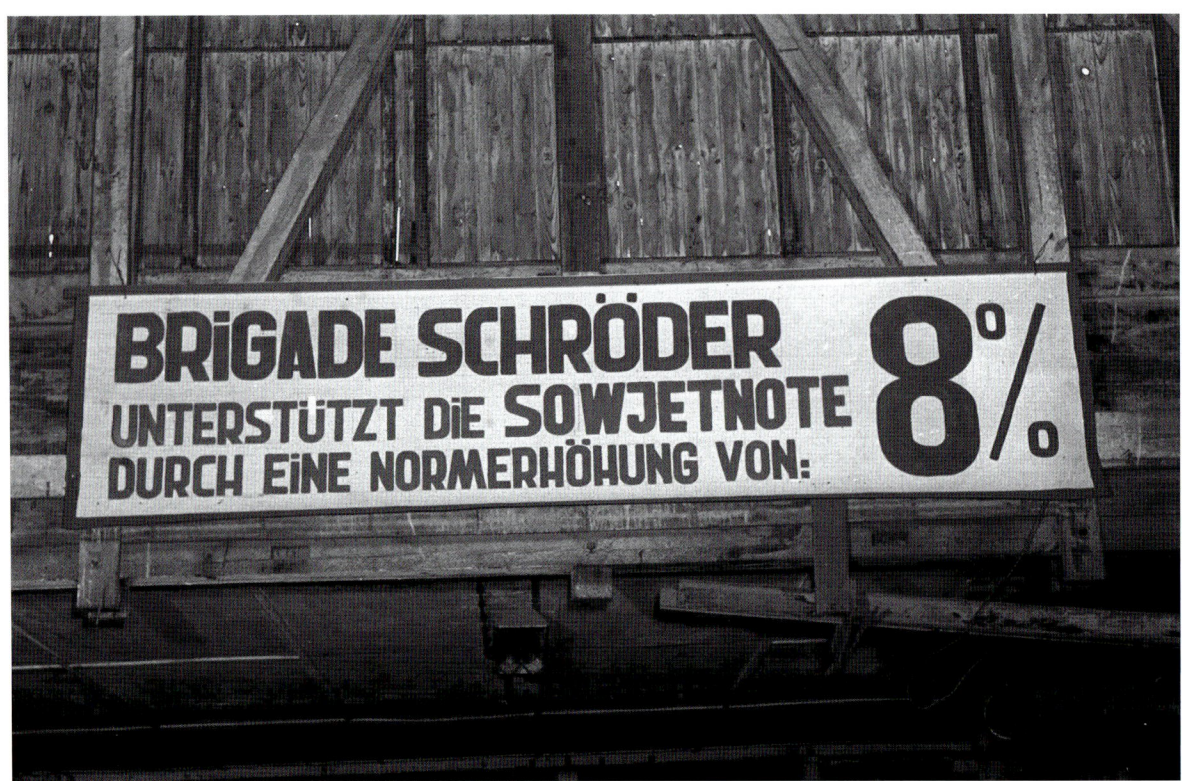

In den sogenannten Stalin-Noten im März/April 1952 schlug Josef Stalin den drei westlichen Alliierten vor, ein vereinigtes und politisch neutrales Deutschland zu schaffen. Dazu sollte Deutschland auch einen Friedensvertrag mit den Siegermächten abschließen. Im Westen bezweifelte man, dass Stalins Vorschlag ernst gemeint war. Aus westlicher Sicht sollte er bloß die Ablehnung der Westmächte provozieren, um ihnen dann die deutsche Teilung propagandistisch anlasten zu können. Im Osten hingegen wurde das Angebot eines Friedensvertrages überall propagiert.

Wahlplakat zu den Volkskammerwahlen am 17. Oktober 1954. Die Nationale Front sollte ein „Bündnis aller patriotischen Kräfte unter der Führung der geeinten Arbeiterklasse und ihrer revolutionären Partei" sein, de facto war sie der Garant für die Gleichschaltung aller (Block-)Parteien und Massenorganisationen unter der Ägide der SED.

Am 17. Juni 1953 entlud sich die Unzufriedenheit der DDR-Bürger mit ihrem Staat in einem Aufstand, der im Westen die Hoffnung auf eine Wiedervereinigung nährte. Vorangegangen waren Arbeitszeiterhöhungen und eine nicht als ausreichend empfundene Versorgung mit Lebensmitteln und Luxusgütern. Dem Vergleich mit dem Westen hielt die DDR in dieser Hinsicht nicht stand. Als am Potsdamer Platz geschossen wird, bricht unter den Protestierenden Panik aus.

Die Schauspielerin Lil Dagover warb 1953 im West-Berliner Kaufhaus KaDeWe für ARWA-Strümpfe. Das Textilunternehmen ARWA hatte seinen Sitz eigentlich im Erzgebirge. Das Stammwerk in Auerbach wurde allerdings 1946 enteignet und unter dem Namen Esda als volkseigener Betrieb der DDR weitergeführt. Die westdeutsche ARWA produzierte ab 1948 in Württemberg und galt später als Symbol des Wirtschaftswunders.

KONSUM UND MODE

Als der Hunger nicht mehr das alles beherrschende Gefühl der Deutschen war, traten neue Bedürfnisse auf den Plan. Die Angst ums nackte Überleben, Not und Entbehrung sollten endlich der Vergangenheit angehören. An ihre Stelle trat die Sehnsucht nach Luxus und Zerstreuung. Und so entstanden in West und Ost neue Geschäfte, Kaufhäuser, Restaurants, Bars und Cafés. Das berühmte West-Berliner Kaufhaus KaDeWe etwa feierte – zunächst auf zwei Etagen – am 3. Juli 1950 seine Wiedereröffnung. Bezeichnend ist, dass dort zu Anfang allerdings hauptsächlich Würstchen und Fett über den Ladentisch gingen.

In der DDR lieferte seit 1948 die HO (Staatliche Handelsorganisation) Waren des täglichen Bedarfs, für die keine Bezugsscheine notwendig waren. Außerdem betrieb sie Gaststätten und die Centrum-Warenhäuser. Allerdings war das Angebot zunächst für normale Bürger kaum erschwinglich, später fehlte es einfach oft an den begehrten Waren.

In beiden deutschen Staaten setzten vor allem die jungen Frauen alles daran, den schmutzigen Kittel der Nachkriegszeit endlich abzulegen. In der Mode der Bundesrepublik wetteiferten dabei die eleganten Hollywood-Vorbilder mit den braven Trachtenmädchen des deutschen und österreichischen (Heimat-)Films: Audrey Hepburn und Grace Kelly vs. Romy Schneider und Sonja Ziemann. Hier spiegelte sich die Ambivalenz des jungen Staates zwischen Restauration und moderner Weltläufigkeit.

Viele Frauen mussten ihre Kleidung noch selbst mit Nadel und Faden anfertigen. Hilfestellung leisteten die neuen Modezeitschriften. Dort setzten sich der Petticoat, das Mieder, schwingende Röcke, Pfennigabsätze, Bikinis, elegante Kostüme, toupierte Hinterköpfe und Pferdeschwänze als Modeattribute durch. Coco Chanel und Christian Dior gaben die Richtung vor. Der Mann sollte ebenfalls elegant sein, aber wichtiger noch waren seine breiten Schultern. Die deutschen Frauen hatten schließlich lange auf solche Schultern zum Anlehnen verzichten müssen.

Die Bedürfnisse der DDR-Bevölkerung unterschieden sich davon nicht sonderlich. Die durchlässige Sektorengrenze in Berlin sorgte dafür, dass westliche Mode auch im Osten Begehrlichkeiten weckte. Allerdings deckten sich solcherlei Wünsche nicht mit den Plänen der DDR-Oberen. Die hatten einerseits mit Lieferschwierigkeiten zu kämpfen, schließlich steckte die volkseigene Produktion noch in den Kinderschuhen. Andererseits entsprach der amerikanische Lebensstil, der sich hier einschlich, ganz und gar nicht dem Bild des neuen Menschen im Sozialismus.

Darum versuchten die DDR-Modemacher einen Spagat: Ihre Mode sollte der werktätigen Frau dienen, zweckmäßig und haltbar sein und dennoch möglichst nicht hinter den westlichen Modellen zurückstehen. Ein Anspruch, dem allzu oft die Realität einen Strich durch die Rechnung machte.

Zum modischen Symbol der Ära wurde in beiden Staaten früh ein recht unscheinbarer Gegenstand: der Damenstrumpf. Er verkörperte Luxus, Eleganz, Erotik und Modernität. Als Nylonstrumpf brachten ihn in den 40ern noch amerikanische Soldaten nach Westdeutschland. Dort wurde er flugs auf dem Schwarzmarkt feilgeboten – zu horrenden Tauschpreisen. Böse Zungen bezeichneten die hauchzarten Gebilde gar als „Bettkantenwährung". In der DDR war der Nylonstrumpf – oder Perlonstrumpf, wie die deutsche Variante hieß – ebenso begehrt und ebenso schwer zu beschaffen. Erst allmählich kam in beiden Republiken die Produktion in Gang. Ost und West wetteiferten regelrecht um die Vormachtstellung auf diesem Gebiet – als würde sich der Kalte Krieg am Bein der Frau entscheiden.

Ähnlich sah es beim Essen aus: In der Bundesrepublik füllten sich die Töpfe nach und nach wieder. Am 31. März 1950 endete die Lebensmittelrationierung. Gleichzeitig stiegen die Reallöhne derart an, dass sie bereits 1952 über dem Vorkriegsniveau lagen. Das Wirtschaftswunder nahm seinen Lauf. Nun strebte der Verbraucher von den Grundnahrungsmitteln weg zu exotischen Genüssen. Anregungen holte er sich bei Ferienreisen nach Südeuropa und bei Clemens Wilmenrod, der 1953 als erster Fernsehkoch vor das Publikum trat: Seine Sendung wurde zum Straßenfeger. Wilmenrod erschuf den Toast Hawaii und verarbeitete ungeniert Dosenkonserven und Fertigsoßen in seinen Kreationen.

Im Osten hielt der Mangel zunächst an, erst allmählich entspannte sich die Lage. 1958, immerhin acht Jahre später als im Westen, verschwanden in der DDR die Lebensmittelmarken. Versorgungslücken aber gab es bei zahlreichen Lebensmitteln immer wieder. Außerdem blieb man der Hausmannskost treu: Buletten und Eisbein, Brühnudeln und Senfeier kamen auf den Tisch der Werktätigen. Einen Hauch von Exotik verbreitete lediglich die Soljanka, eine säuerliche Suppe aus Russland bzw. der Sowjetunion, die zum Klassiker der DDR-Gastronomie wurde.

Wer in den 50ern Nylon- oder Perlonstrümpfe besaß, wollte sie auch zeigen – wie diese beiden Frauen, deren Foto 1952 in einer DDR-Zeitschrift erschien.

Perlon ließ sich kaum dehnen, sodass es schwierig war, das Material dem Frauenbein richtig anzupassen. Die Firma ARWA initiierte deshalb 1950/51 die Wahl der „Beinkönigin". Das war nicht nur ein geschickter Marketingschachzug, sondern ermöglichte auch eine umfangreiche Marktanalyse. Das Unternehmen sammelte dabei unzählige Daten über die verbreiteten Maße westdeutscher Frauen. Das Foto zeigt zwei Preisträgerinnen aus Berlin.

Kunststofffasern waren in den 50ern aus den Modemagazinen nicht wegzudenken. Diese Models präsentierten 1959 in West-Berlin Modelle aus Trevira, einem Polyester der Farbwerke Höchst AG.

Perlon ließ sich nicht nur für Damenstrümpfe verwenden. Bei einer Messe 1952 wurden in der DDR auch Kleiderstoffe aus der Kunststofffaser präsentiert.

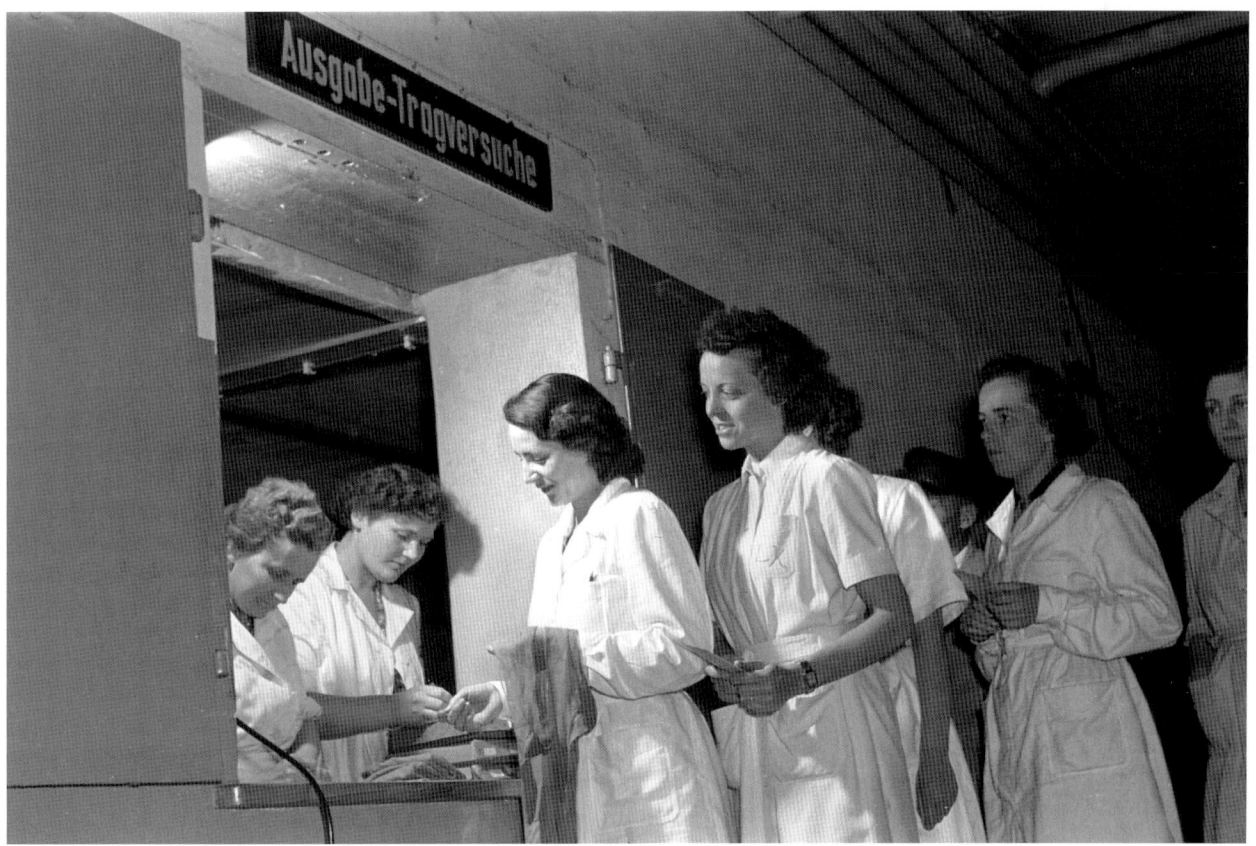

Ab 1952 wurde im VEB Kunstfaserwerk Schwarza Perlongarn für Damenstrümpfe hergestellt. Das Problem mit der Passform der Strümpfe löste die Werkleitung, indem zunächst die Arbeiterinnen die Produkte testeten. Dafür standen sie Schlange an der Ausgabestelle für die Tragversuche.

Der italienische Modeschöpfer Emilio Schuberth (1904–1972, Bildmitte) stammte ursprünglich aus Sachsen. In den 50ern gehörten seine Kreationen zu den teuersten Modellen Europas. Die meisten westdeutschen Frauen konnten sich derartige Luxuskleider 1954, bei Entstehen des Fotos, nicht leisten. Aber seine Entwürfe zeigten, wo die Messlatte lag.

Die Illustrierte „Zeit im Bild" präsentierte im Juni 1953 die Reportage „Alltag im VEB Plauener Damen-Konfektion". Darin zeigten Models die aktuelle Mode aus der VEB-Produktion. Das Sortiment umfasste sowohl elegante Ausgehkleider als auch alltagstaugliche Modelle.

Junge Frau im Badeanzug am Strand von Westerland auf Sylt, 1957

Urlauberin in den Alpen

Mutter und Tochter auf einer Wiese in Bayern 1958. Auch Trachten waren in den 50er-Jahren beliebt. Der Heimatfilm hatte Hochkonjunktur.

Straßenszene in Leipzig, 1959

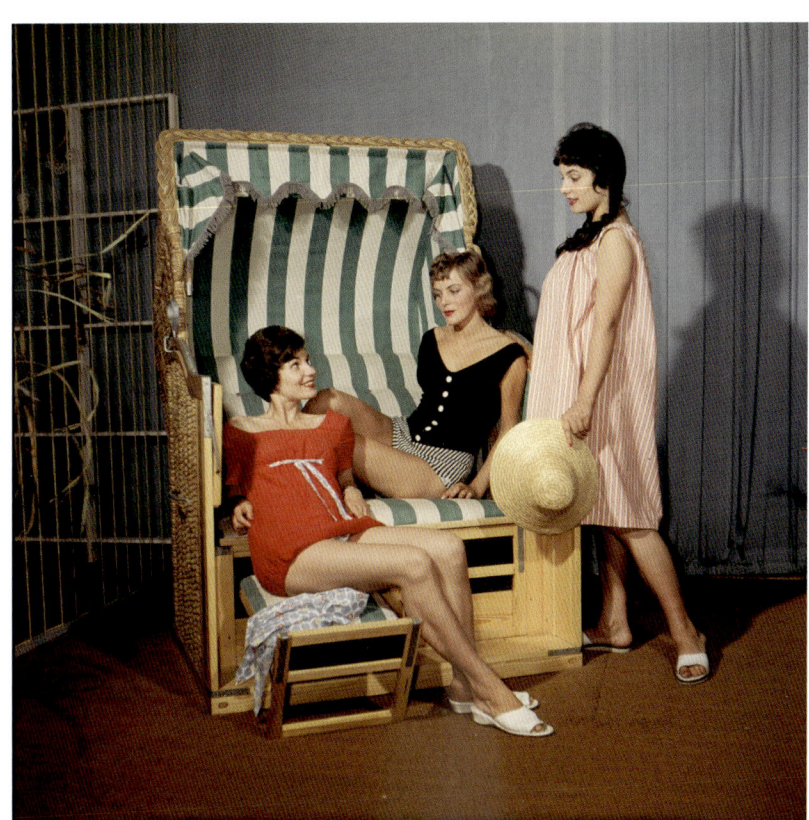

Freizeitkollektion der Konfektionsindustrie der DDR aus dem Jahr 1959

In beiden deutschen Staaten nähten viele Frauen ihre Kleider selbst. Beim Sommerschlussverkauf 1951 im KaDeWe zeigte sich, wie begehrt preiswerte Stoffe waren. 1950 hatte das Bundeswirtschaftsministerium die „Verordnung über Sommer- und Winterschlussverkäufe" eingeführt. Damit wurden die Rabattaktionen auf eine enge zeitliche Spanne begrenzt und gesetzlich streng geregelt.

Der Verlag für die Frau in Leipzig gab Schnittmusterbögen heraus, die den Frauen das Schneidern aktueller Mode erleichterten. Das Bild zeigt den Entwurf für ein Jäckchenkleid, aufgenommen im Januar 1953.

Werbung wurde in den 50er-Jahren immer wichtiger – auch wenn sie damals noch „Reklame" hieß. An dieser Litfaßsäule warb die amerikanische Bademodenfirma Jantzen für ihre Modelle.

Die Litfaßsäulen der DDR waren statt mit Werbung meist mit Propaganda beklebt. Auf dieser Litfaßsäule am Alexanderplatz in Berlin informierten Plakate über den im Oktober 1959 stattfindenden 5. FDGB-Kongress, eine Rattenbekämpfungsaktion, das Veranstaltungsprogramm im Haus der Deutsch-Sowjetischen Freundschaft in Berlin und die Ständige Bauausstellung. Ein politisches Plakat protestierte gegen die NATO-Aufrüstung in Westdeutschland.

Diese Coca-Cola-Werbung befand sich auf der Rückseite eines Kalenders für das Jahr 1954. Offenbar wollten die Werber damit gegen das proletarische Image des zuckerhaltigen Getränks angehen. Dennoch ist kaum vorstellbar, dass die elegante Dame gleich ihren ersten Schluck aus der Flasche nehmen wird. Seit 1949 war Coca-Cola in Westdeutschland wieder erhältlich.

In der DDR warb man für Weihnachtsgeschenke aus den Konsum-Läden. Das Plakat zeigt, dass in den frühen 50ern hauptsächlich Lebensmittel zum Fest verschenkt wurden.

Eine Kundin schaut sich in der Vorweihnachtszeit 1955 in einem Woolworth-Geschäft in Hamburg Handschuhe aus Leder an.

Der Versandhandel erlebte in den 50ern einen enormen Schub. Zahlreiche Versandhäuser wurden neu gegründet oder erweiterten sprunghaft ihre Kapazitäten. Das Unternehmen Quelle eröffnete zum Beispiel am 24. März 1956 in Nürnberg sein neues Großversandhaus, das als das modernste Europas galt. Bundeswirtschaftsminister Ludwig Erhard (links) weihte das Gebäude feierlich ein. Das von Gustav Schickedanz gebaute Gebäude war ein Musterbeispiel der Rationalisierung und der modernen Arbeitsteilung. Es hatte einen täglichen Ausstoß von 15 000 bis 50 000 Paketen bei nur 1200 Mitarbeitern.

Die Hohe Straße in der Kölner Innenstadt wurde 1948 als eine der ersten Geschäftsstraßen Deutschlands für den Autoverkehr gesperrt.

Alltag in der DDR: Vor einem Lebensmittelgeschäft der Handelsorganisation (HO) in Berlin-Köpenick hat sich eine lange Menschenschlange gebildet. Oftmals waren in den „normalen" Läden, in denen man mit Lebensmittelmarken bezahlte, die Regale leer. Die Waren wanderten stattdessen in die wesentlich teureren HO-Geschäfte.

Passanten stehen am Abend vor dem Howa (HO-Warenhaus) in der Wildsruffer Straße in der Dresdner Altstadt, aufgenommen im Dezember 1956.

Markttag in Freiburg im Breisgau auf dem Münsterplatz. Das reiche Warenangebot umfasst vor allem regionale Produkte.

Eine Frau und ein Mädchen stehen im Mai 1959 vor der umfangreichen Speisekarte einer Gaststätte. Der Hunger aus der unmittelbaren Nachkriegszeit scheint vergessen.

Die Handelsorganisation HO senkte im Oktober 1951 erstmals die Preise, hier zum Beispiel im HO-Warenhaus in der Wilsdruffer Straße in Dresden. Ein Kilo Zucker kostete 1950 in einem HO-Laden 12 DM, nach der Preissenkung 1951 waren es nur noch 7,60 DM. Zum Vergleich: In einem normalen Laden kostete das Kilo Zucker mit Bezugsschein gerade mal 1,20 DM.

Die „Konsum"-Läden bildeten neben den HO die wichtigste Handelsmarke der DDR. Das Foto zeigt einen klassischen Dorf-Konsum in Stollberg (Erzgebirge) im Jahr 1956.

So sahen bis 1950 die Lebensmittelkarten in Westdeutschland aus. Hier ein
Exemplar für einen Jugendlichen bis 16 Jahre aus Schleswig-Holstein.

Lebensmittelaktion 1953: Ost-Berliner Kinder stehen vor Kartons mit Kondensmilch an einer
vom West-Berliner Senat eingerichteten Ausgabestelle für Lebensmittel. Für die DDR-Verwal-
tung war die Lebensmittelaktion ein peinlicher Affront. Die USA initiierte sie gemeinsam mit
West-Berlin.

Eine Lebensmittelkarte der DDR aus dem Januar 1958. Getreideprodukte und Hülsen-
früchte beispielsweise waren schon seit den frühen 50ern ohne Bezugsschein erhältlich.

In der DDR versuchte man, den Spieß umzudrehen: Zwei Erfurterinnen packen im
Dezember 1954 ein Paket für Frau H., die mit ihren sieben Kindern in einem Bunker in
Wuppertal haust. Die Mitglieder des Demokratischen Frauenbundes Deutschlands ver-
schickten in der Vorweihnachtszeit Päckchen an hilfsbedürftige westdeutsche Familien.

Konsumträume West: das eigene Auto vor der eigenen Garage neben dem eigenen Haus. Das Foto zeigt einen VW Käfer und einen Ford 12 M im Jahr 1955.

Konsumträume Ost: Der Wartburg, die Mittelklasse-Limousine der DDR, wurde ab 1956 in Eisenach hergestellt. Der Trabant, der bekannte Kleinwagen der DDR, kam erst ein Jahr später auf den Markt.

Mit Marilyn Monroe auf dem Titel feierte sie ihre Geburtsstunde: Die Jugendzeitschrift Bravo erschien am 26. August 1956 zum ersten Mal. Sie kostete damals 50 Pfennig.

Sie galt als Vogue der DDR: die Frauenzeitschrift Sibylle. Ab 1956 lag sie sechsmal pro Jahr in den Zeitschriftenregalen und war dort meist sofort ausverkauft. Die in der Sibylle gezeigte Mode spiegelte ein Wunschbild wider, das mit dem Angebot der ostdeutschen Geschäfte meist nichts gemeinsam hatte.

Der Altmarkt in Dresden war noch im April 1953 komplett zerstört. Nur einen Monat später sollte Walter Ulbricht den Grundstein für den Wiederaufbau legen. Dabei entstanden einige imposante Gebäude des sozialistischen Klassizismus: Das Haus Altmarkt, das Centrum-Warenhaus und das Café Prag verbanden stalinistische Bauideale mit dem Dresdner Barock.

BAUEN UND WOHNEN

Deutschland 1950: Überall wachsen Schuttberge aus dem Boden, wie der Fockeberg in Leipzig und die Rheydter Höhe in Mönchengladbach. Bauruinen gibt es auch noch hie und da, vor allem in den Städten, über denen die heftigsten Bombenangriffe niedergegangen sind, wie Köln oder Dresden.

In ganz Deutschland herrschte Wohnungsnot. Das lag nicht nur an den Verwüstungen des Krieges, sondern auch an den zahlreichen Flüchtlingen, die aus den Gebieten jenseits von Oder und Neiße in die vier Sektoren gekommen waren. Bis 1950 siedelten sich etwa zwölf Millionen Vertriebene in der Bundesrepublik und der DDR an. In der Bundesrepublik verschärfte sich die Situation noch durch die Flüchtlinge, die der DDR den Rücken gekehrt hatten und nun im Westen ihr Glück suchten. Zwischen 1951 und dem Mauerbau nutzten mehr als 2,7 Millionen Menschen diese Chance.

In Ost und in West sollte möglichst schnell möglichst viel neuer Wohnraum entstehen. Dabei orientierten sich zahlreiche Stadtplaner und Architekten an den Konzepten der klassischen Moderne, schöpften die Möglichkeiten des preiswerten Betons aus und planten Wohnsiedlungen in vorher nicht gekanntem Maßstab. Brachland war schließlich ausreichend vorhanden.

In Ost-Berlin wurde die berühmte Stalinallee, heute Karl-Marx-Allee, bebaut. Das bis heute erhaltene Ensemble galt als Vorzeigeobjekt der zeitgenössischen DDR-Architektur. In den Nachkriegsjahren war hier noch nach den Plänen Hans Scharouns gebaut worden, der später im Westteil der Stadt die Philharmonie und die Staatsbibliothek entwerfen sollte. In den 50ern jedoch wurden Scharouns Entwürfe von der SED als formalistisch und dekadent abgelehnt. Stattdessen importierten die Planer aus Moskau und anderen sowjetischen Städten den sogenannten sozialistischen Klassizismus, der heute als Zuckerbäckerstil bekannt ist.

Die DDR hatte zu dieser Zeit keine Scheu vor großen Projekten: 1950 beschloss man die Errichtung einer komplett neuen Wohnstadt, um die Arbeiter eines geplanten Eisenhüttenkombinats in Brandenburg aufzunehmen. So entstand eine Planstadt, die vor allem in ihren Repräsentativbauten dem sozialistischen Klassizismus huldigte, proletarisch und mondän zugleich. 1953 erhielt sie den Namen Stalinstadt, acht Jahre später Eisenhüttenstadt.

Um schnell möglichst viel Wohnfläche zu schaffen, war der sozialistische Klassizismus allerdings ungeeignet – zu luxuriös, zu arbeitsintensiv, zu teuer. Nach dem

Tod Stalins gab der neue Parteichef der KPdSU Nikita Chruschtschow daher 1954 die neue Devise des Bauens aus: „Wir sind nicht gegen Schönheit, jedoch gegen alle Arten von Überflüssigkeiten." 1957, als in der Nähe von Hoyerswerda das Braunkohlekombinat Schwarze Pumpe seinen Betrieb aufgenommen hatte, wurde für dessen Beschäftigte die Stadt deshalb in schnörkelloser Großblockbauweise erweitert. Das industrialisierte Bauen, das in den Plattenbauten der folgenden Jahrzehnte gipfelte, nahm seinen Anfang.

Auch in der Bundesrepublik waren die finanziellen und materiellen Möglichkeiten erst einmal nicht allzu groß – die Wohnungsnot aber umso größer. Also besannen sich viele Architekten auf die Schlichtheit und Funktionalität des Bauhauses. Das Motto „Weniger ist mehr" von Mies van der Rohe schien für die vorhandenen Ressourcen genau passend. Einen Meilenstein bildete 1957 die erste Internationale Bauausstellung nach dem Krieg in West-Berlin. Sie sollte als „Ausstellung im Werden" die Möglichkeiten modernen Bauens demonstrieren und gleichzeitig Wohnraum am zerstörten West-Berliner Hansaplatz schaffen. Namhafte internationale Architekten beteiligten sich, darunter Le Corbusier, Oscar Niemeyer und Walter Gropius. Die Ausstellung geriet zur Leistungsschau westlicher Baukunst und präsentierte bewusst einen Gegenentwurf zur Stalinallee mit ihrem Zierrat und ihrer Monumentalität, aber auch zur Blut-und-Boden-Architektur des Nationalsozialismus.

Auch wenn die Nachkriegsmoderne heute kein hohes Ansehen genießt: Die Menschen empfanden die neuen Gebäude als Segen, hüben wie drüben. Im Unterschied zu den nicht zerbombten Häusern auf dem Land und zu den Stadtwohnungen der Vorkriegszeit hatten die neuen Domizile meist Innentoiletten, Duschen, Gas- oder Ölheizungen und fließend warmes Wasser – purer Luxus in den 50ern.

In der Bundesrepublik regte sich aber auch die Sehnsucht nach mehr. Mit wachsendem Wohlstand wollten immer mehr Menschen ein Eigenheim. Der Staat unterstützte das nach Kräften: Ab 1952 winkte eine Wohnungsbauprämie, sodass die Bausparkassen boomten.

Und wie richteten die Menschen sich ein? Natürlich gab es die eleganten Nierentische, Cocktailsessel und Tütenlampen, die heute unser Bild von damals prägen. Daneben lebten aber auch jene Möbel und Einrichtungsgegenstände fort, die dem Krieg nicht zum Opfer gefallen waren. Und die bonbonbunte, fröhliche Einfachheit des Nachkriegsdesigns traf nicht jedermanns Geschmack. Mindestens genauso beliebt waren die wulstigen Schrankwände des „Gelsenkirchener Barock", die nun in großer Zahl produziert wurden. Hinter deren Glastüren fand sich oft Nippes auf selbst gehäkelten Schondeckchen.

Das Prachtstück der 50er-Jahre-Wohnung allerdings war das Fernsehgerät. Es demonstrierte die Modernität, Liquidität und Aufgeschlossenheit seines Besitzers, in Ost wie West. Beide Staaten begannen 1952 mit der Ausstrahlung regelmäßiger Fernsehprogramme; gleichzeitig lieferten sich die Designer eine Schlacht um das schickste, avantgardistischste, eleganteste Gerät. Die DDR-Entwürfe standen ihren westdeutschen Konkurrenten in nichts nach. Nur erhältlich waren sie nicht so leicht.

Düsseldorf: Bewohner in ihrem durch Bomben schwer beschädigten Wohnhaus, 1950

Die Beschaffung von Brennstoff war um 1950 noch schwierig. In Hamburg-Altona sammelten Passanten 1950 die Kohlen-
stücke auf, die von einem Laster gefallen waren.

In den kleineren Städten und auf dem Land schien es gelegentlich, als hätte der Krieg
nicht stattgefunden: Bauernhof in der Lüneburger Heide, Anfang der 50er-Jahre

In der DDR herrschte um 1950 ebenfalls Brennstoffmangel: Frauen transportierten Reisig mit Handwagen, das Foto entstand vermutlich in der Umgebung von Dresden.

Auch in der DDR haben viele kleine Städte und Dörfer den Krieg unbeschadet überstanden: Blick auf Markt und St. Martins-kirche in Zschopau im Erzgebirge, aufgenommen 1957

Die Wohnungsnot machte erfinderisch. Die Lübecker Gastwirtin Gertrud Hinrichs hatte 1954 die Idee, eine Badewanne in ein Sofa zu integrieren. Für kleine Wohnungen ideal: Zum Baden musste lediglich die Sitzfläche abgenommen und mit einem Schlauch heißes Wasser eingefüllt werden.

1952 begann im Rahmen des „Nationalen Aufbauprogramms" die Bebauung der Stalinallee (heute Karl-Marx-Allee) im Sinne des sozialistischen Klassizismus. Hier sollten „Wohnpaläste für die Werktätigen" entstehen. Das Projekt wurde von enormen propagandistischen Anstrengungen begleitet. Radiosendungen und Zeitungsartikel dokumentierten permanent den Fortschritt der Bauarbeiten, und auf zahllosen Plakaten wurden freiwillige Helfer angeworben, die unentgeltlich bei Enttrümmerung und Aufbau helfen sollten. Es galt, die „erste sozialistische Straße" Deutschlands zu errichten.

In einer Bildreportage der DDR-Illustrierten Zeit im Bild wurden Freiwillige beim Arbeitseinsatz gezeigt, hier auf dem Altmarkt in Dresden, aufgenommen im Dezember 1952.

Zwischen 1951 und 1961 verließen mehr als 2,7 Millionen Menschen die DDR und flohen in die Bundesrepublik. Darunter waren auffallend viele Jugendliche und junge Erwachsene und Menschen mit höheren Bildungsabschlüssen. Die DDR drohte regelrecht auszubluten, während die Bundesrepublik Mühe hatte, all die Flüchtlinge unterzubringen. Eine Werkhalle in Berlin-Neukölln diente im März 1953 als Flüchtlingslager für DDR-Bürger.

Das Kranzler-Eck am West-Berliner Kurfürstendamm sah in der zweiten Hälfte der 50er schon wieder aufgeräumt aus. Nur die Kaiser-Wilhelm-Gedächtniskirche erinnerte noch an die Zerstörungen des Kriegs. Erste Planungen sahen vor, die Ruine komplett abzureißen. Die Proteste der Berliner Bevölkerung führten jedoch dazu, dass der Architekt Egon Eiermann schließlich einwilligte, sie als Mahnmal in seinen ursprünglichen Entwurf einzugliedern.

Die Neue Maxburg war in den 50er-Jahren der größte geschlossene Wiederaufbaukomplex in München. Sie wurde auf dem Gelände der im Zweiten Weltkrieg durch Bomben zerstörten Herzog-Max-Burg erbaut. Im Hintergrund sind die Türme der Marienkirche zu sehen.

Am Strausberger Platz an der Stalinallee erhob sich 1956 das 14-geschossige „Haus Berlin", das aus Stahlbetonfertigteilen in Montagebauweise errichtet wurde. Es beherbergte neben Wohnungen auch Restaurants, Cafés und eine Bar.

Das Eigenheim war in den 50ern der Inbegriff idealen Wohnens in der Bundesrepublik. Es zeigte den bescheidenen Wohlstand seines Besitzers, gleichzeitig stillte es die Sehnsucht nach materieller Sicherheit. Das Foto zeigt Mercedes-Benz-Limousinen vor dem Wohnhaus eines Bankiers in einem Neubaugebiet der Stadt Aachen, um 1958.

Angesichts der Wohnungsnot erklärte die katholische Kirche nach dem Zweiten Weltkrieg den Wohnungsbau zu einem vorrangigen Ziel kirchlicher Fürsorge. Überall in der Bundesrepublik ließ der Katholische Siedlungsdienst daher Gebäude errichten, zum Beispiel diese Einfamilienhäuser am Rande Bochums, aufgenommen im Juli 1953.

Ost-Berlin wurde beim Aufbau von Wohnungen bevorzugt. Das führte in anderen
Teilen der DDR oft zu Unmut. Andererseits
mussten gerade die Ost-Berliner, die
einen direkten Vergleich mit dem westlichen System hatten, von den Vorteilen des
Sozialismus überzeugt werden. Das Foto
von 1957 zeigt eine Turnvorführung in
einem Neubaugebiet in Ost-Berlin.

Der 1955 gegründete VEB Gaskombinat Schwarze Pumpe entwickelte sich durch den immer weiter steigenden Bedarf in der DDR zum damals
größten Braunkohlenveredlungsbetrieb der Welt. Dort wurde die Braunkohle der Lausitz bearbeitet. Für die Beschäftigten musste Wohnraum
geschaffen werden, unter anderem durch die Erweiterung der Stadt Hoyerswerda: Kinder spielten im dazugehörigen Wohngebiet, aufgenommen
im Mai 1958.

Die Einbauküche ist eigentlich eine Erfindung der 20er-Jahre. Im Nationalsozialismus war sie allerdings eher verpönt, sodass sie sich erst nach dem Krieg allmählich durchsetzte. In den 50ern trat jedoch zunächst die Anbauküche ihren Siegeszug an. Da die Wohnverhältnisse oft noch brüchig waren, bevorzugte man flexible Küchen, die nicht auf einen bestimmten Grundriss zugeschnitten waren. Dennoch sollten alle Küchenmöbel ein stimmiges Ensemble bilden. Das Foto zeigt die Küche der Verbraucherzentrale in Hamburg. Zu Vorführzwecken trocknete die Schauspielerin Eva Schreiber dort Geschirr ab. Sie war eher aus Nebenrollen bekannt, zum Beispiel aus „Schwarze Nylons, heiße Nächte" von 1958.

Neue Geräte sollten sich möglichst elegant in die Wohnung integrieren lassen. So bekam auch der Kühlschrank Beine und wurde salonfähig, das gekühlte Bier für den Hausherrn stand griffbereit neben dem modernen Fernsehgerät. Das Foto entstand auf der Internationalen Hausrat- und Eisenwarenmesse in Köln 1959.

Sie ist ein Klassiker des DDR-Designs: die berühmte Anbauküche Eschebach. Hergestellt wurde sie vom VEB Küchenmöbel Eschebach ab 1959.

In der DDR waren Haushaltsgeräte enorm teure Luxusgüter. Diese Kühlschränke kosteten jeweils mehr als 600 DM. Zum Vergleich: Laut offizieller Statistik betrug die durchschnittliche Monatsrente Anfang der 50er-Jahre 155 DM.

Kochen in den 50er-Jahren: Es gab eine weite Bandbreite zwischen dem Kohleherd, der mühsam selbst befeuert werden musste, und dem damals modernen Gasherd. Hier testet eine Frau in einer Ausstellung das Ost-Modell „Mora", aufgenommen im September 1958.

Auch Willy Brandt hatte einen Nierentisch: die Familie des Regierenden Bürgermeisters von Berlin 1954 in ihrem Berliner Heim. Charakteristisch sind auch die auffällig gemusterten Vorhänge, hier mit Segelschiffmotiven.

Radio- und Fernsehgeräte zählten in den 50ern zu den begehrtesten Prestigeobjekten, vor allem wenn sie in auffällige Musikmöbel integriert waren. Die Schauspielerin und Sängerin Conny Froboess vor ihrem großen Musikschrank 1958

So modern und zeitgemäß das DDR-Design in den 50er-Jahren auch war: Es war oft schwer zu bekommen oder zu teuer. Dieses Wohn-Arbeitszimmer aus dem VEB Deutsche Werkstätten Hellerau wurde im Union-Messehaus 1957 auf der Leipziger Herbstmesse ausgestellt. Charakteristisch: die Tütenlampe mit den biegsamen Armen.

Auch in der DDR schmückten die Menschen ihre Wohnung gern mit einem Fernsehgerät, hier zu sehen das Modell Forum FE863A des VEB RAFENA-Werke Radeberg. Das Unternehmen gehörte zu den größten Produzenten von Fernsehgeräten in der DDR.

Schulbeginn in der DDR: Ein Mädchen packt seine Fibel in seinen Lederschulranzen, um den Hals trägt es eine Brottasche aus Leder.

KINDHEIT UND SCHULE

Gespielt wurde zwischen Ruinen und Schutt – das hatten die Nachkriegskinder in den vier Besatzungszonen Deutschlands gemeinsam. Dabei schien ihnen zunächst unbegrenzte Freiheit gewiss: die Väter noch in Gefangenschaft oder gefallen, die Mütter mit dem Wegräumen der Trümmer und der Organisation des täglichen Überlebens beschäftigt, die Schulen geschlossen. Hatten die Kinder ihre Pflichten erledigt – im Haushalt helfen, einkaufen, auf kleinere Geschwister aufpassen –, gehörte der Tag ihnen.

Auch wenn die meisten Schulen spätestens 1946 wieder eröffnet wurden, war an geregelten Unterricht erst einmal kaum zu denken. Es herrschte Mangel: an Lehrern, an intakten Gebäuden, die nicht als Wohnraum gebraucht wurden, an Büchern, an Papier. Man behalf sich mit riesigen Klassen und lehrte im Schichtdienst, oft konnten nur die Hauptfächer unterrichtet werden. Brennholz mussten die Schüler im Winter meist selbst mitbringen.

Sowohl die Bundesrepublik als auch die DDR unternahmen gewaltige Anstrengungen, damit sich die Situation verbesserte. Dahinter stand sicherlich in erster Linie der Wunsch, den Kindern nach dem Krieg endlich eine fundierte Bildung für die Zukunft mitzugeben. Aber auch die widerstreitenden politischen Interessen der Alliierten trieben den Schulaufbau voran. Es galt, das ideologische Vakuum zu füllen, das nach dem Nationalsozialismus in Deutschland herrschte. Die amerikanischen Besatzer wollten durch „Re-Education" (Umerziehung) die Grundlagen für ein demokratisches Bewusstsein bei der jüngsten Generation legen. Die Sowjetunion hingegen machte ihren Einfluss geltend, um sozialistisches Gedankengut in die kleinen Köpfe zu säen.

So war es nur folgerichtig, dass in beiden deutschen Staaten unterschiedliche Schulsysteme entstanden: Bereits 1946 wurde in der SBZ das „Gesetz zur Demokratisierung der deutschen Schule" verabschiedet, dessen Kern die Einheitsschule war. Eine achtjährige gemeinsame Schullaufbahn aller Kinder war die Folge, die schrittweise auf zehn Jahre erweitert wurde. In der Bundesrepublik unterlag die Bildung dem Primat der Länder. Sie einigten sich darauf, das dreigliedrige Schulsystem aus Volksschule, Realschule und Gymnasium zu erhalten.

Auch bei den jüngeren Kindern verfolgten die beiden Staaten unterschiedliche Strategien. Die Bundesrepublik wollte die Frauen an den Herd zurückkehren lassen. Denn westdeutsche Kinder sollten in der Familie, idealerweise durch die Mutter, erzogen werden. Verheiratete Frauen durften ohnehin nur dann eine Arbeit annehmen, wenn ihr Mann damit einverstanden war – trotz des Gleichstellungsgrundsatzes, der 1949 im Grundgesetz verankert worden war. Und Frauen verdienten in der ersten Hälfte der 50er-Jahre brutto gut ein Drittel weniger als Männer. Kindergarten- oder gar Krippenplätze fehlten.

Ganz anders in der DDR. Die Frauen sollten berufstätig sein und am „Aufbau des Sozialismus" mitwirken. Deshalb bot der Staat ihnen die Möglichkeit, ihre Kinder bereits im frühesten Alter rundum betreuen zu lassen. Dazu ließ er Wochenkrippen und Wochenkindergärten errichten. Dort konnten Eltern, vor allem alleinerziehende Mütter, montags ihre Kinder abgeben und freitags wieder nach Hause holen. Nicht nur Kinderärzte übten zum Teil heftige Kritik an diesem Modell, in den 60er-Jahren wurde es weitgehend aufgegeben. Aber auch durch Tageseinrichtungen sorgte der Staat für Entlastung: 1950 besuchte jedes fünfte Kind in der DDR einen Kindergarten, 1955 bereits jedes dritte.

Dem unterschiedlichen Umgang mit Kindern lagen die widerstreitenden Weltanschauungen der beiden politischen Systeme zugrunde. Während in der Bundesrepublik das Ideal der Familie als Keimzelle für Wohlstand und Wohlergehen propagiert wurde, sollte der neue Mensch im Sozialismus für Staat und Gesellschaft eintreten. Darauf waren auch alle außerschulischen Aktivitäten der Kinder und Jugendlichen ausgerichtet. Man erwartete von ihnen, dass sie sich bei den Jungen Pionieren und bei der FDJ engagierten, dass sie zur Jugendweihe gingen und freiwillige Dienste leisteten. Früh wurden sie eingeschworen auf Lenin und Stalin, auf die Freundschaft mit der Sowjetunion und auf das Feindbild Kapitalismus.

Die bundesrepublikanischen Kinder hingegen waren oft in kirchliche Institutionen eingebunden, sie gingen zur Kommunion oder Konfirmation, wurden Pfadfinder oder Ministranten. So waren auch sie eingewoben in das Wertesystem ihres Landes. Was vielleicht etwas verwundert: Die Ideale, die den Kindern vermittelt wurden, waren in Ost und West teilweise gar nicht so unterschiedlich. Die jungen Menschen sollten altruistisch, ehrlich und fleißig sein, gesund, stark, wehrtüchtig, sauber und moralisch.

Daneben – und das darf nicht vergessen werden – hatten die Kinder immer noch viel Zeit, sich spielend die Welt zu erobern. Viel brauchten sie dazu nicht. Auf dem Land bot die Natur ausreichend Spielzeug, in den Städten war Platz in den Bombenlücken. Die Kleinen begnügten sich mit Murmeln und Puppen, Steinen, Hölzern und Bauklötzen. Und sie genossen die Feste im Jahreslauf: Fasching, Ostern und vor allem Weihnachten. Leuchtende Kinderaugen krönten das Ende jedes Jahres. Mit wachsendem Wohlstand strahlten sie vielleicht jedes Jahr ein wenig heller.

Ende der 40er-Jahre steckte die Institution Familie in Deutschland in einer Krise. Die aus Krieg und Gefangenschaft heimgekehrten Männer waren traumatisiert und hatten Mühe, sich in ihre Familien einzugliedern. Den Kindern wurde abverlangt, den als fremd empfundenen Mann als Familienoberhaupt anzunehmen und lieb zu gewinnen. Die Frauen, die so lange allein die Familie ernährt und geführt hatten, wurden – zumindest in der Bundesrepublik – wieder aus dem Berufsleben gedrängt und sollten nun hinter ihrem Mann die zweite Geige im familiären Gefüge spielen. Erst mit der wirtschaftlichen Stabilität kehrte in den 50er-Jahren die Normalität in die familiären Beziehungen zurück. Familie mit Kinderwagen auf dem Schlossberg in Arnsberg im Sauerland, 1951

Eine Mutter hilft ihren beiden Töchtern bei den Hausaufgaben, aufgenommen in den 50er-Jahren in Nordrhein-Westfalen.

Ging es nach den staatlichen Organen, sollte die Institution der Familie in der DDR eine untergeordnete Rolle spielen. Das kleinbürgerliche Familienidyll war verpönt. Stattdessen sollten sich die Menschen ihrem Staat und der sozialistischen Gesellschaft verschreiben. Das funktionierte allerdings nur bedingt. Junge Eltern mit Baby im Kinderwagen in Altenburg, Thüringen. Das Foto stammt aus dem Jahr 1959.

Mutter und Sohn auf einer Wanderung 1956 nahe Stollberg im Erzgebirge (Sachsen), um 1956

Wenn in der Bundesrepublik oder in West-Berlin beide Eltern arbeiten mussten oder die Mutter alleinerziehend war, kümmerten sich meist die Großeltern um die Kinder. War das nicht möglich, traten manchmal die Hilfsorganisationen auf den Plan. Hier betreut eine Rote-Kreuz-Schwester in den 1950er-Jahren West-Berliner Kleinkinder.

Kinder beim Spiel im Kindergarten in Berlin-Zehlendorf, März 1952

In der DDR wurden auch Kinder unter drei Jahren ganztags betreut. Sie waren nicht selten einem strikten Tagesablauf unterworfen. Kinderbetreuung in einem Betriebskindergarten in Radeberg, 1956

Kinderbetreuung in einem Dorfkindergarten in Mecklenburg, aufgenommen um 1955

1950/51 wurde an West-Berliner Schulen mit amerikanischer Unterstützung die Schulspeisung eingeführt.

Orden und Ehrenzeichen schon von klein auf: In einer Schule in Berlin-Köpenick werden Schüler mit dem Abzeichen „Für gutes Wissen in der Schule" ausgezeichnet.

Der Weg innerhalb der Organisationen war klar vorgezeichnet: Kinder ab der ersten Klasse gehörten zu den Jungpionieren, mit blauem Halstuch. In der vierten Klasse stieg man zu den Thälmannpionieren auf und erhielt ein rotes Halstuch. Eine Pioniergruppe umfasste normalerweise alle Mitglieder einer Schulklasse. Mit 14 schließlich traten die Jugendlichen der Freien Deutschen Jugend (FDJ) bei. Auf den alle drei Jahre stattfin-denden zentralen Pioniertreffen wurden die Kinder auf die sozialistischen Ziele der Organisation eingeschwo-ren, wie hier vom 12. bis 18. August 1955 in Dresden beim II. Treffen der Jungen Pioniere.

Schon in den frühen 50er-Jahren reisten Reisegruppen aus der Bundesrepublik zu den einstigen westlichen Kriegsgegnern. Hier eine Gruppe westdeutscher Pfadfinder 1951 vor dem Buckingham-Palast in London

Die Jugendorganisationen der DDR unterschieden sich vordergründig in ihren Zielen und Angeboten nicht allzu sehr von den traditionellen Pfadfindern. Es gab Halstücher und naturnahe Freizeitgestaltung, man versuchte, ein guter Mensch zu werden und sich in eine Gemeinschaft zu integrieren. Wichtigste Unterschiede: Die Mitgliedschaft in den Organisationen der DDR war nur formal freiwillig und die weltanschauliche Prägung sehr dominant. Junge Pioniere auf der Wanderung in der Nähe von Stollberg im Erzgebirge, um 1956

1950 kamen in den Volksschulen durchschnittlich 49 Schüler auf eine Lehrkraft, 1956 waren es nur noch 37. In dieser Grundschulklasse im Westen sitzen 1951 noch über 40 Schüler.

Auf einem Schulhof in Lohmar in Nordrhein-Westfalen ist der Umriss Deutschlands mit Ölfarbe auf das Pflaster gemalt. Pommern, Schlesien und Ostpreußen gehören auf der Karte dazu, wie auf allen Schulwandkarten in der Bundesrepublik bis 1990.

Unterricht in einer Ost-Berliner Schule, 1959

Die Abiturientenquote verharrte in den 50er-Jahren zwischen vier und sechs Prozent. Dafür machten immer mehr Jugendliche eine berufliche Ausbildung. Die Lehrlingsquote stieg von 46 (1950) auf 55 Prozent (1960). Das Foto zeigt einen Schriftsetzerlehrling bei der Arbeit in einer Druckerei in Friedberg (Oberhessen) im Oktober 1950.

Begünstigt durch die fortschreitende Motorisierung entstand in den 50er-Jahren ein neuer Lehrberuf – der des Tankwarts. Seit dem Herbst 1952 war er auch staatlich anerkannt, die Ausbildung dauerte drei Jahre. Unter der Anleitung seines Chefs füllte dieser Lehrling im Februar 1953 an einer Tankstelle in Frankfurt am Main Benzin in den Autotank eines Kunden.

Lehrlinge der Lokbrigade „Wilhelm Pieck" des Kesselbauunternehmens Dampfkesselbau Hohenthurm (Sachsen-Anhalt). Das Foto stammt aus dem Jahr 1951.

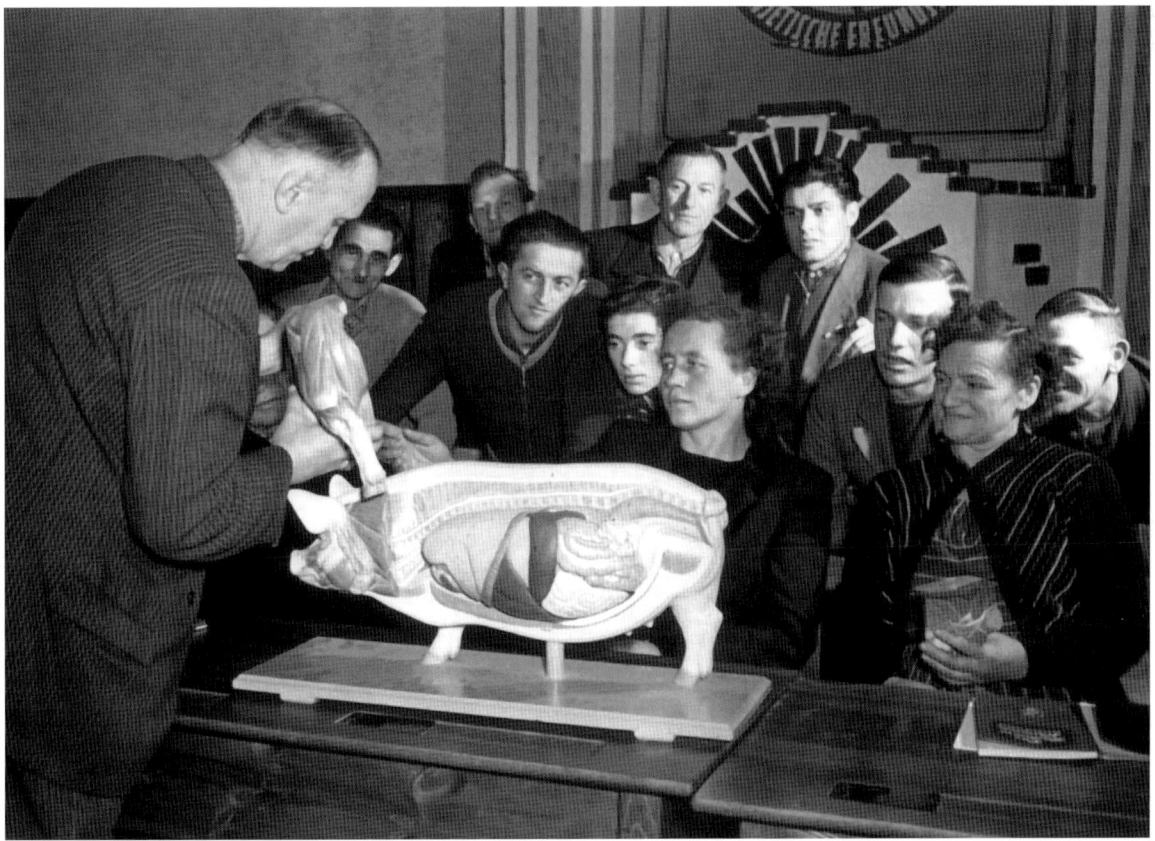

Auf einer Bezirksschule in Suhl werden Mitte der 1950er-Jahre angehende Viehzuchtbrigadiere, Imker, Buchhalter und Schweinemeister von Mitarbeitern der Landwirtschaftlichen Produktionsgenossenschaften (LPG) unterrichtet.

An der Berliner Universität (ab 1949: Humboldt-Universität) wurde die freie Meinungsäußerung zunehmend durch die sowjetische Besatzungsmacht erschwert. Als Reaktion darauf gründeten Studierende und Lehrende 1948 im West-Berliner Bezirk Dahlem die Freie Universität (FU). Als West-Berliner Studenten 1957 über den Kurfürstendamm zogen, um für bessere Studienförderung zu demonstrieren, ging es gesitteter zu als bei den Studentenunruhen in den späten 60er-Jahren.

Vorlesung an der Universität Hamburg, 1956

Bei einer Demonstration zum 1. Mai 1952 sind fahnenschwingende Studenten mit dabei.

Bald nach dem Krieg wurden an vielen Universitäten der DDR Vorstudienanstalten eingerichtet, die ab 1949 Arbeiter-und-Bauern-Fakultäten hießen. Sie sollten die Kinder aus werktätigen Schichten innerhalb von drei Jahren zur Hochschulreife führen. Das Foto zeigt Studenten der Arbeiter-und-Bauern-Fakultät der Universität Jena im Unterricht 1958.

Der Katholizismus erlebte in den 50er-Jahren in der Bundesrepublik eine Blütezeit. Die Kirchenaustritte lagen jährlich bei etwa 20 000 – bei etwa genauso vielen Ein- beziehungsweise Übertritten zum katholischen Glauben. Zum Vergleich: Zwischen 1990 und 2014 lag die Zahl der Austritte fast immer über 100 000. Zwei Drittel aller Katholiken bezeichneten sich in den 50ern als regelmäßige Kirchgänger. Das katholische Brauchtum prägte natürlich auch das Leben der jungen Menschen: 1958 gehen diese Jungen und Mädchen in Rottenburg zur Erstkommunion.

Auch die evangelische Kirche hatte in den 50er-Jahren star- ke Bindungskraft: Konfirmandinnen in schwarzen Kleidern in der St. Gumbertuskirche in Ansbach 1957

In den 50er-Jahren führte die DDR die sogenannte Namensweihe („DDR-Taufe") ein, eine feierliche Namensgebung für Neugeborene. Sie sollte an die Stelle der kirchlichen Taufe treten und idealerweise kollektiv in den Betrieben stattfinden. Im Gegensatz zur Jugendweihe konnte sich der Brauch allerdings nicht etablieren. Hier ein Fest im Kulturhaus der Reichsbahn in Lübbenau (Spreewald) aus dem Jahr 1958

Erst 1954 griff die SED die Idee auf, mit der Jugendweihe eine nichtchristliche Alternative zu Konfirmation und Kommunion/Firmung anzubieten. Ab 1958 wurden die Jugendlichen bei der Zeremonie unter anderem gefragt: „Seid ihr bereit, mit uns gemeinsam eure ganze Kraft für die große und edle Sache des Sozialismus einzusetzen?" Die Antwort lautete: „Ja, das geloben wir." Das Foto entstand bei einer Jugendweihe in Jena 1958.

Mitglieder des Berliner Knabenchores Schöneberger Sängerknaben sangen in der Vorweihnachtszeit 1954 Lieder zum Advent. Traditionell traten die Schöneberger Sängerknaben in schwarzen Anzügen mit kurzen Hosen und weißen Kniestrümpfen auf.

Die Thomaner, einer der berühmtesten Knabenchöre Deutschlands, tragen bei einem Auftritt 1953 Matrosenanzüge. Noch heute tritt der Leipziger Chor so auf.

Eine Gruppe Jungen spielt im Frühling 1955 am
Rheinufer in Düsseldorf mit Murmeln.

Spielplätze waren selten. Zwei kleine Mädchen
spielen mit ihren Puppen zwischen parkenden Autos
in Frankfurt am Main, aufgenommen im Juli 1957.

Straßenszene in Leipzig, aufgenommen 1959

Mit respektvollem Abstand betrachtete ein kleines Mädchen in einem Park in Leipzig vorbeispazierende Perlhühner. Das Foto stammt aus dem Jahr 1959.

Zwei Mädchen schnupperten im Frühjahr 1958 im Alten Land an Obstbaumblüten.

Während die Mütter bei der Rübenernte auf dem Land mithalfen, spielten die Kinder unter sich. Das Foto entstand 1957 in der Nähe von Leipzig.

Unter der Regie von Hans Deppe kam 1950 das „Schwarzwaldmädel" als erster westdeutscher Farbfilm nach dem Krieg in die Kinos. Sonja Ziemann und Rudolf Prack wurden zum Traumpaar des westdeutschen Films. Das Setting des volkstümlichen Stücks, rührende Liebesgeschichte plus schöne Landschaft, legte den Grundstein für den Siegeszug des Heimatfilms, der in den 50ern so erfolgreich war wie kein anderes Genre der Bundesrepublik.

KUNST UND KULTUR

Eklatante Unterschiede zwischen Ost und West lagen im Bereich der Kultur. Hüben Agitation und Aufarbeitung im Sinne eines sozialistischen Neuanfangs, drüben vorwiegend Unterhaltung und Verdrängung nach den Gesetzen der Marktwirtschaft. Die Besatzungsmächte hatten erkannt, dass sie die Deutschen vor allem über die (Massen-)Kultur umprogrammieren konnten – sei es nun zu Demokraten und Anhängern des freien Marktes oder zu wackeren Sozialisten mit Klassenbewusstsein und auf der Linie der Partei. Und so entwickelten sich Kunst und Kultur zu hochpolitischen Themen, über die zum Teil erbittert gestritten wurde.

Die Bundesrepublik erlebte in den 50er-Jahren nach amerikanischem Vorbild eine zunehmende Abspaltung der Populär- bzw. Massenkultur von der Hochkultur. Waren Theater, Literatur und Kunst noch zu Beginn des Jahrhunderts vor allem den Kreisen der Bevölkerung vorbehalten, die über die entsprechende Bildung verfügten, setzte sich nun der Trend zur Popularisierung fort: Immer mehr Angebote richteten sich an die einfachen Leute. Vom Arztroman über den Comic, vom Schlager über den Heimatfilm, von den Illustrierten bis zur Bild-Zeitung erlebten die „trivialen" Genres überall eine Blütezeit.

Beispiel Kino: Ein erfolgreicher Film konnte mehr als zehn Millionen Besucher vor die Leinwand locken. Wer ein so großes Publikum ansprechen wollte, watete sicherheitshalber lieber in seichtem Wasser. Heimatfilme wie „Grün ist die Heide", Adelsschnulzen wie „Sissi" und Komödien wie „Charleys Tante" prägten die westdeutsche Filmproduktion. Dem Publikumsgeschmack gehorchend und am Gängelband staatlicher Subventionen bedienten die Filmemacher die Sehnsucht der Menschen nach heiler Welt.

Viele Schriftsteller waren in den späten 40ern aus dem inneren oder äußeren Exil nach Deutschland zurückgekehrt und versuchten nun, das Unbegreifliche in Worte zu fassen. Jüngere Autoren formierten sich um die Gruppe 47, in deren Mitte zum Beispiel Heinrich Böll und Günter Grass debütierten. Eine besondere Stellung nahm das Hörspiel ein. Solange das Fernsehen sich noch nicht durchgesetzt hatte, versammelte sich die Familie abends um das Radiogerät. Dabei gelangten immer mal wieder hochbrisante und künstlerisch anspruchsvolle Werke zu den Ohren eines breiteren Publikums, zum Beispiel Günter Eichs Hörspielzyklus „Träume", ein moralischer Appell, der gegen das Verdrängen und die Saturiertheit der Wirtschaftswunderdeutschen anging und heftige Proteste unter den Zuhörern auslöste.

Die bildende Kunst der jungen Bundesrepublik verschrieb sich kühler Abstraktion, dem radikalen Gegenentwurf zur heroischen und gegenständlichen NS-

Kunst. Sie knüpfte an die Traditionen der klassischen Moderne an und feierte Ernst-Wilhelm Ney, Willi Baumeister und Hans Hartung als ihre Protagonisten. Ihr Stil fand auch Eingang in die Alltagskultur: Tapeten und Bezugsstoffe waren in den 50ern vorzugsweise mit abstrakten Mustern bedruckt.

In der Musik zeigte sich die Aufspaltung in einen hochkulturellen und einen populären Teil am markantesten. Den modernen Komponisten wie Hans Werner Henze und der schwer zugänglichen Zwölftontechnik brachten die meisten Westdeutschen wenig Sympathie entgegen. Stattdessen hörte man Schlager oder – wenn man jung war – Rock 'n' Roll. Der Jazz sprach vor allem Akademiker an und nahm deshalb eine Zwischenposition zwischen der klassischen E- und der U-Musik ein.

War die Kultur in der Bundesrepublik föderal organisiert, mit einer gesetzlich verankerten Kulturhoheit der Länder, erklärte die SED Literatur und Kunst in der jungen DDR zur Chefsache und steckte ihnen einen engen Rahmen ab. Artikel 18 der Verfassung der DDR verlangte eine „sozialistische Nationalkultur"; Abweichungen waren nicht vorgesehen.

Den ersten Höhepunkt erreichte die Reglementierung im sogenannten Formalismusstreit zu Beginn der 50er-Jahre. Otto Grotewohl erklärte: „Die Idee der Kunst muss der Marschrichtung des politischen Kampfes folgen." Dahinter steckte die Forderung, sich klar von westlicher Kultur abzugrenzen, von der „Dekadenz" und „Morbidität" bürgerlichen Kunstschaffens. Schriftsteller zum Beispiel wünschte Stalin sich als „Ingenieure der Seele", deren Werke einen sinnstiftenden, didaktischen Anspruch haben sollten. Aber nicht nur der Daseinszweck der Literatur, auch die Form und die Inhalte waren vorgegeben: Im Stil des sozialistischen Realismus sollten Werke entstehen, die entweder den antifa-

schistischen Kampf tapferer Kommunisten oder das heroische Leben der Werktätigen schilderten. Als Aushängeschilder dienten Johannes R. Becher und Bertolt Brecht. Schriftsteller, die sich den Wünschen der SED-Führung gemäß verhielten, waren als „Geistesarbeiter" finanziell begünstigt. Diejenigen hingegen, die sich dem Druck und den Maßgaben nicht beugen wollten, flohen in den Westen, unter ihnen Uwe Johnson und Gerhard Zwerenz. Nach dem Aufstand vom 17. Juni 1953, mehr aber noch nach dem Ungarnaufstand 1956 verschärften sich die Gängelungen.

Das Kino griff vor allem auf klassische literarische Vorlagen zurück, um der Reglementierung durch den Staat zu entgehen. 1950 verfilmte die Defa Wilhelm Hauffs Märchen „Das kalte Herz" als ersten Farbfilm. Ein Jahr später erregte die Literaturverfilmung „Der Untertan" Aufsehen, die sich eindrücklich mit dem Menschentypus auseinandersetzte, der zu unbedingtem Gehorsam und brutaler Gewalt fähig ist. Der künstlerisch anspruchsvolle Film fand weltweit Anerkennung, nur in Westdeutschland wurde er lange Zeit verboten, da man ihn als Angriff auf das eigene politische System interpretierte.

Im Unterschied zur Bundesrepublik blieb die bildende Kunst der DDR dem Gegenständlichen treu. Der sozialistische Realismus forderte die einfache, gegenständliche Darstellung heroischer Figuren aus der Arbeiterklasse. Hier waren die künstlerischen Spielräume besonders eng. In der Musik hingegen, über die sich ideologische Inhalte ohnehin nur schwer transportieren lassen, konnten sich – vor allem nach Stalins Tod 1953 – vielfältigere Formen entwickeln. Einzudämmen versuchte man vor allem die Einflüsse amerikanischer Popmusik, namentlich des Rock 'n' Roll. Vergeblich versuchte die Regierung Ulbricht, mit dem Lipsi ein sozialistisches Gegenstück zu lancieren.

hans albers
heinz rühmann
**auf der reeperbahn
nachts um halb eins**
EIN KURT-ULRICH-FARBFILM

Zahlreiche Schauspieler aus der Nazizeit konnten sich gut in die bundesrepublikanische Ära hinüberretten. In dem Film „Auf der Reeperbahn nachts um halb eins" sind gleich zwei von ihnen zu sehen: Hans Albers und Heinz Rühmann. Obwohl beide sich nicht zu den Nationalsozialisten bekannten, wusste Goebbels die beliebten Schauspieler für seine „leise Propaganda" zu instrumentalisieren.

Auf Betreiben der US-amerikanischen Militärregierung wurde West-Berlin zum Austragungsort eines internationalen Filmfestivals. Die Berlinale fand erstmals vom 6. bis 18. Juni 1951 statt. Das Foto zeigt das Hotel am Zoo in Charlottenburg während der 8. Internationalen Filmfestspiele 1958. Internationale Stars stiegen in den 50ern während des Festivals dort ab.

Romy Schneider wurde im Juni 1957 auf dem Internationalen Filmball anlässlich der 7. Internationalen Filmfestspiele stürmisch von ihren Fans begrüßt. Zwischen 1955 und 1957 erschien die Sissi-Trilogie mit Schneider in der Hauptrolle, die der Schauspielerin zu Weltruhm verhalf. Sie selbst bevorzugte allerdings das ernstere Fach und fürchtete, das Sissi-Image zeitlebens nicht mehr ablegen zu können.

Paul Verhoeven führte Regie beim ersten Farbfilm der DDR: „Das kalte Herz". Der arme Köhler Peter Munk (Lutz Moik) will nur Geld und Reichtum. Da ist ihm Lisbeths (Hanna Rucker) Liebe eher hinderlich. Märchen- und Literaturverfilmungen gehörten zu den häufigsten Genres des DDR-Kinos der 50er-Jahre.

Wolfgang Staudte drehte 1951 „Der Untertan" nach dem gleichnamigen Roman von Heinrich Mann, in dem Werner Peters in der Hauptrolle humorvoll den typisch preußischen Untertanengeist repräsentierte, der Deutschland geradewegs in die Katastrophe geführt hatte. Westdeutsche Politiker und Beamte bezogen die Kritik allerdings auf sich und verboten den Film. Der Spiegel kritisierte: „Ein Paradebeispiel ostzonaler Filmpolitik: Man lässt einen politischen Kindskopf wie den verwirrten Pazifisten Staudte einen scheinbar unpolitischen Film drehen, der aber geeignet ist, in der westlichen Welt Stimmung gegen Deutschland und damit gegen die Aufrüstung der Bundesrepublik zu machen. Der Film lässt vollständig außer acht, dass es in der ganzen preußischen Geschichte keinen Untertan gegeben hat, der so unfrei gewesen wäre, wie die volkseigenen Menschen unter Stalins Gesinnungspolizei es samt und sonders sind."

Herbert von Karajan wurde 1955 trotz seiner früheren Mitgliedschaft in der NSDAP Nachfolger von Wilhelm Furtwängler und Sergiu Celibidache als Chefdirigent der Berliner Philharmoniker. Da die alte Philharmonie 1944 zerstört worden war, nutzte das Orchester nach dem Krieg verschiedene Ausweichquartiere, hier den Konzertsaal der Hochschule der Künste Berlin.

Wie viele andere Künstler wurde auch die Jazz-Legende Louis Armstrong von der US-Regierung nach Europa geschickt, um dort für die Vorzüge amerikanischer Kultur zu werben. Einen Auftritt in der UdSSR lehnte er allerdings ab. 1952 wird er mit seiner Frau (rechts) in Düsseldorf stürmisch begrüßt.

Ähnlich wie Herbert von Karajan geriet auch der Dirigent Hermann Abendroth nach dem Krieg wegen seiner NSDAP-Mitgliedschaft in die Kritik. Auch er konnte glaubhaft machen, dass seine Parteizugehörigkeit rein formal gewesen war. Schon 1945 wurde er Leiter der Staatskapelle Weimar. Am 8. Mai 1955, dem „Tag der Befreiung", dirigierte er Beethovens Neunte Symphonie mit der Staatskapelle Weimar und dem Rundfunkchor des Staatlichen Rundfunkkomitees Berlin und Leipzig.

1955 wurde der amerikanische Film „Die Saat der Gewalt"
erstmals in Deutschland gezeigt; der ausgekoppelte Hit
„Rock Around the Clock" von Bill Haley avancierte schnell
zur Gründungshymne eines neuen Lebensgefühls. Mit ihm
kamen der Rock 'n' Roll und die Schmalztolle, der wippende
Pferdeschwanz und die Jeans nach Deutschland. Nach
Vorführungen des Films lieferten sich die Halbstarken, wie
die oftmals gewaltbereiten jugendlichen Anhänger genannt
werden, Saalschlachten. Als Bill Haley mehrere Konzerte in
Deutschland gab, kam es zu Ausschreitungen und Krawal-
len. Hier drängen Polizisten nach einem Bill-Haley-Konzert
in Frankfurt am Main 1958 die Halbstarken zurück.

Besucher in der Edvard-Munch-Ausstellung im Haus der Kunst in München im November 1954. Rechts hängt Munchs berühmtes Porträt des deutschen Industriellen und Politikers Walter Rathenau.

Raffaels „Sixtinische Madonna" traf im Oktober 1955 aus der Sowjetunion wieder in Dresden ein. Die sowjetische Siegermacht hatte das Meisterwerk 1945 als Beutekunst beschlagnahmt.

Heinrich Böll (links), Ilse Aichinger und Günther Eich 1952 während einer Tagung der Gruppe 47. Zu dem jährlichen Literaturtreffen lud ab 1947 der Schriftsteller Hans Werner Richter ein, die Tagungsorte wechselten. Meist stellten junge Autoren ihre neuesten, noch nicht veröffentlichten Texte vor, die dann vom Auditorium einer Analyse und Kritik unterzogen wurden. Aus ihrem Kreis gingen einige der bedeutendsten Nachkriegsautoren hervor.

Der Börsenverein des deutschen Buchhandels richtete ab 1949 die Frankfurter Buchmesse aus, die sehr bald auch zahlreiche internationale Verlage anlockte.

Der Schriftsteller Stefan Heym im Jahr 1955 während einer Signierstunde. Er war 1933 aus Nazideutschland in die USA emigriert und lebte dort bis 1952 im Exil. In der DDR galt er als einer der anerkanntesten Schriftsteller, der sich zwar zur DDR bekannte, andererseits aber den SED-Funktionären ein unbequemer Zeitgenosse war. 1953 richtete er ein öffentliches Schreiben an US-Präsident Eisenhower, in dem er die amerikanische Rolle im Koreakrieg kritisierte und seinen Verzicht auf sein Offizierspatent und eine ihm 1945 verliehene Militärauszeichnung erklärte. Sein Roman „Der Tag X" über die Ereignisse des 17. Juni 1953 wurde in der DDR nicht gedruckt. In Westdeutschland erschien das Manuskript später unter dem Titel „5 Tage im Juni".

Die DDR-Bürger erlebten die Leipziger Buchmesse so, als würde sich ihnen für einige Tage ein winziges Tor in den Westen öffnen. Denn bis zum Mauerbau erhöhte sich die Zahl westdeutscher und westeuropäischer Verlage, die in Leipzig ausstellten. Anfangs war die Buchmesse Teil der allgemeinen Messe Leipzig, ab 1949 fand sie jedoch in einem eigenen Messehaus, dem Hansahaus, statt. Auf dem Foto zu sehen ist das Logo der Messe Leipzig während der Frühjahrsmesse 1959 neben dem Filmtheater Capitol und dem Messehaus Petershof.

Der Rowohlt Verlag importierte 1950 aus den USA das Konzept, preiswerte Bücher für alle im Rotationsdruckverfahren herzustellen. „Rowohlts Rotations Romane", kurz rororo, waren die ersten Taschenbücher in Deutschland. Graham Greenes „Orientexpress" erschien als rororo-Taschenbuch 1951 und kostete 1,50 Mark.

1951 erschien das erste Micky-Maus-Comicheft in Deutschland. Bildungsbürger lehnten die neuen, von den USA kopierten Comics als „Schundhefte" ab.

Arbeiterbibliothek im VEB Gaskombinat Schwarze Pumpe, aufgenommen im Mai 1958. Der SED war es wichtig, auch Arbeiter zum Lesen zu animieren. Werksbibliotheken sollten das ermöglichen.

Die erste Ausgabe des bunten Digedag-Heftchens „Mosaik" erschien am 23. Dezember 1955. Die in der DDR anfänglich als „westliche Schund- und Schmutzliteratur" bezeichneten Comics wurden ab 1953 als „Bildergeschichten" herausgegeben.

Die österreichischen Schauspieler Hilde Mikulicz als Elisabeth von Valois und Heinrich Schweiger als Don Carlos in dem gleichnamigen Schiller-Stück im Düsseldorfer Schauspielhaus 1956

„Mutter Courage und ihre Kinder" war die erste Inszenierung des Berliner Ensembles ab 1949. Der Dramatiker Bertolt Brecht (Mitte) war erst kurz zuvor aus dem Exil in den USA und der Schweiz nach Ost-Berlin zurückgekehrt, wo er mit seiner Frau Helene Weigel das Ensemble gründete. Bis März 1954 spielte es im Deutschen Theater, dann erhielt es ein eigenes Haus, das Theater am Schiffbauerdamm. Brecht hatte darauf bestanden, dass Weigel die Titelrolle in der „Mutter Courage" spielte.

Ab 26. Dezember 1952 strahlte das westdeutsche Fernsehen erstmals ein täg-
liches Programm aus. Los ging es mit der Liveübertragung des Fußballspiels
St. Pauli gegen Hamborn 07. Zwei Jahre später war es wieder der Fußball, der
dem Fernsehen zum Durchbruch in Deutschland verhalf: als die Weltmeister-
schaft ausgetragen wurde und Deutschland mit dem „Wunder von Bern" seinen
ramponierten Nationalstolz wieder auferstehen ließ.

Als am 2. Juni 1953 die Krönung Elisabeths II. von England im Fernsehen übertragen wurde, versuchten viele Menschen, in irgendeinem Fernsehgerät einen Blick auf das Ereignis zu erhaschen, hier vor einem West-Berliner Radio- und Fernsehgeschäft.

Die erste Sendeminute des DDR-Fernsehens wurde am 21. Dezember 1952 ausgestrahlt. Die erste Ansagerin war Margit Schaumäker.

Auch in der DDR ließen die Menschen keine Gelegenheit ungenutzt, einen Blick auf irgendein Fernsehgerät zu werfen, wie hier vor einem Schaufenster in Ost-Berlin.

Die Berliner Firma Telefunken verlagerte in den 50er-Jahren zahlreiche Produktionsstätten von West-Berlin in die Bundesrepublik. Sie zählte bis zu ihrer Fusion mit AEG 1967 zu den führenden deutschen Unternehmen in der Funktechnik und Elektronik. Hier sind Arbeiterinnen im Jahr 1958 bei Montagearbeiten zu sehen.

ARBEIT UND FREIZEIT

„Da wimmelt und brodelt es, da wird geschafft, geleistet, da ist in Staub- und Schweißwolken die deutsche Tüchtigkeit tüchtig am Werk. Hämmern, Rattern, Gebrodel bei Tag und Nacht." So beschrieb Paul Schallück 1954 in seinem Essay „Tüchtigkeit, Vergeßlichkeit, Resignation" die Arbeitswut der Westdeutschen in den 50er-Jahren.

Als am 5. August 1955 in Wolfsburg der einmillionste VW Käfer in Gold vom Band rollte, stand er symbolisch für diesen Fleiß, für das Leistungsvermögen, kurz: das Wirtschaftswunder, das die Westdeutschen vollbrachten. Aber er stand auch für die Gegentendenzen, die langsam wirksam wurden. Pflichterfüllung und Verzicht, die zu enormem wirtschaftlichem Wachstum geführt hatten, traten in den 50er-Jahren nämlich nach und nach in den Hintergrund. Die Deutschen wollten nun die Früchte ihres Fleißes ernten: Sie wollten weniger arbeiten, mehr konsumieren, ihre Freizeit und Freiheit genießen. Die Symbolkraft des VW Käfers war so stark, dass ihm auch diese Sehnsüchte zugeschrieben werden konnten.

Der Paradigmenwechsel zeigte sich zunächst einmal in den Arbeitszeiten. Die Gewerkschaften kämpften für weniger Stunden und den freien Samstag. Mit dem Slogan „Samstags gehört Vati mir" erstritten sie ab 1956 die Fünftagewoche. Auch Urlaubsansprüche, die noch tariflich vereinbart werden mussten, wurden durchgesetzt. Die durchschnittliche Wochenarbeitszeit sank so zwischen 1955 und 1961 von 49,8 auf 46,2 Stunden. Außerdem sorgten Lohnerhöhungen, von denen vorwiegend die unteren Einkommensklassen profitierten, dafür, dass die zusätzliche Freizeit auch von allen genutzt werden konnte. Zwischen 1950 und 1960 verdoppelten sich die verfügbaren Einkommen eines vierköpfigen Haushalts.

In der DDR hatte die Stalinallee eine ähnliche Symbolkraft wie der VW Käfer in der Bundesrepublik. Propagandistisch bis zum Überdruss ausgeschlachtet, stand sie für die gewaltige Aufbauleistung, die die DDR zu erbringen gewillt war. In großem Stil wurden sämtliche Bürger dazu aufgerufen, in ihrer Freizeit im Rahmen des Nationalen Aufbauwerks an der Großbaustelle mitzuhelfen. Mit Parolen wie „So schön sollen in ganz Deutschland die Kinder der Werktätigen wohnen!" versuchte die DDR den Arbeitseifer der „Freiwilligen" anzustacheln, die ihre Arbeitskraft oft mit der Hoffnung auf allerlei Vorteile und Privilegien zur Verfügung stellten.

Arbeitsethos wurde großgeschrieben. In den Fünfjahresplänen war geregelt, welche Leistungen die einzelnen Wirtschaftszweige zu erbringen hatten. Arbeiter und Angestellte, die das ihnen zugewiesene Plansoll übererfüllten, erhielten Orden und Auszeichnungen, wurden medial gefeiert und als Vorbilder inszeniert. Legendär war beispielsweise die Zittauer Weberin Frieda Hockauf, der die Losung zugeschrieben wird: „So, wie wir heute arbeiten, werden wir morgen leben." Solche „Helden der Arbeit" sollten als Vorbilder für das ganze Land dienen.

Doch gegen die permanente Aufforderung, mehr zu leisten, regte sich Widerstand. Dass sich gerade unter den Bauarbeitern der Stalinallee der Funke entzündete, der zum Aufstand des 17. Juni 1953 aufloderte, ist kaum verwunderlich. Eine Erhöhung der Arbeitsnormen um zehn Prozent zum 60. Geburtstag Walter Ulbrichts am 30. Juni 1953 traf sie besonders hart und ließ das Fass überlaufen, das bereits mit Mangelversorgung, mit Repressionen gegen kirchliche Organisationen und Kleinunternehmer und mit Schauprozessen gegen Andersdenkende angefüllt war. So kam es, dass sich im Arbeiter- und Bauernstaat just diejenigen auflehnten, für die der Staat doch das Paradies hätte sein müssen: die Arbeiter.

Nicht anders verhielt es sich übrigens mit den Bauern. Die Landwirtschaft wurde zwischen 1952 und 1960 kollektiviert; Bauern, die sich nicht freiwillig mit den neuen Verhältnissen abfanden, wurden enteignet und in die landwirtschaftlichen Produktionsgenossenschaften (LPGs) gezwungen. Viele Landwirte versuchten, sich zu wehren: Manche zündeten ihre Höfe an, manche flohen nach Westdeutschland, einige wurden sogar verhaftet. Die Versorgung mit Lebensmitteln verschlechterte sich dadurch weiter.

Vor diesem Hintergrund scheint es nur verständlich, dass auch die Ostdeutschen ihr kleines Glück außerhalb der Arbeit suchten. Allerdings war auch das Freizeitvergnügen oft staatlich reglementiert. Aktivitäten wurden vorwiegend durch die großen, staatlich kontrollierten Massenorganisationen angeboten, zum Beispiel den Freien Deutschen Gewerkschaftsbund (FDGB) oder den Deutschen Turn- und Sportbund (DTSB). Dadurch war auch die Freizeit ideologisch eingefärbt, was viele Ostdeutsche dazu bewog, sich noch mehr ins Private zurückzuziehen.

Denn im Grunde waren die Interessen und Freizeitbeschäftigungen in Ost und West dieselben. Die Deutschen gingen gern ins Kino oder in den Zirkus, trieben Sport mit Freunden oder im Verein, am liebsten natürlich Fußball, verbrachten einen gemütlichen Kneipenabend oder unternahmen Ausflüge an Seen und in die Berge. Sie hörten Radio, später sahen sie fern und sehnten sich nach Fahrten mit dem eigenen Auto, um einen Ausflug oder gar eine Urlaubsreise zu unternehmen. Sie wollten in ihrer Freizeit nicht vom Staat oder der Politik behelligt werden, weder in West noch in Ost. Sie suchten eine Nische, in der sie unbelastetes, leichtes Vergnügen finden konnten, das sie ablenkte von der jüngsten Geschichte und von der Situation ihres geteilten Landes.

Montage von Mopeds der Marke Simson Typ SR2 des VEB Fahrzeug- und Gerätewerk Simson Suhl, aufgenommen im Februar 1959. Mopeds waren die Markenzeichen der Jugend, auch in der DDR. Das Modell Simson SR2 wurde hier fast eine Million Mal verkauft.

Die 1938 so getaufte „Stadt des KdF-Wagens bei Fallersleben" wollte nach dem Krieg ihre nationalsozialistischen Wurzeln nicht mehr im Namen tragen. Deshalb erhielt die Ansammlung von Wohnhäusern, die sich um ein Volkswagenwerk in Niedersachsen scharten, 1945 den Namen
Wolfsburg. Hier wurde deutsche Wirtschafts(wunder)geschichte geschrieben. In Wolfsburg liefen 1954 täglich 900 Autos vom Band, vor allem
der berühmte VW Käfer. Die Produktion war für die Verhältnisse der 50er-Jahre stark automatisiert.

Produktion von Fernsehgeräten im VEB RAFENA-Werke Radeberg, aufgenommen um 1956. Das Unternehmen stellte bereits ab 1950 Fernseher her, die allerdings zunächst ausschließlich in die Sowjetunion verkauft wurden. Auch Großrechner wurden in Radeberg gebaut.

Maler in West-Berlin im März 1959

Bauarbeiter auf Gerüsten auf der Großbaustelle des Braunkohlekraftwerkes Lübbenau, aufgenommen 1959. Das 1957 begonnene und 1964 vollendete Kraftwerk erzeugte 1,3 Gigawatt Elektroenergie, bis es 1996 stillgelegt wurde.

Ab 1950 wurde in Stalinstadt (seit 1961 Eisenhüttenstadt) ein Stahlwerk errichtet. Der Aufbau des Eisenhüttenkombinats Ost im sandigen Ödland an der Grenze zu Polen schuf die Grundlage für die Schwerindustrie der DDR. Das Foto zeigt junge Frauen und einen jungen Mann in einem Hemd mit FDJ-Emblem vor der Baustelle im April 1951.

In der Landwirtschaft vollzog sich in der Bundesrepublik in den 50er-Jahren ein radikaler Wandel. Viele Beschäftigte wanderten in andere Wirtschaftszweige ab, die fehlenden Arbeitskräfte mussten immer mehr durch Maschinen ersetzt werden, die sich vor allem die kleineren Bauern nicht leisten konnten. Um den Agrarsektor zu schützen und so die Versorgung mit Lebensmitteln abzusichern, erließ die Bundesregierung 1955 das Landwirtschaftsgesetz, das den Grundstein für umfangreiche Agrarsubventionen legte. Trotz des vermehrten Einsatzes von Maschinen blieb die Landwirtschaft zum Teil noch harte Knochenarbeit. Erst nach und nach setzten sich beispielsweise Traktoren durch. Auf dem Foto: Erntehelfer bei der Kartoffellese vor der malerischen Kulisse der Münzenburg in Oberhessen im September 1958

Die SED beschloss auf ihrer II. Parteikonferenz im Juli 1952 die „Schaffung der Grundlagen des Sozialismus" in der DDR. Das beinhaltete auch die Kollektivierung der Landwirtschaft. Kleinbauern waren häufig freiwillig bereit, sich in die LPGs einzugliedern, Landwirte mit größerem Besitz eher nicht. Auf dem Foto zu sehen sind Mitarbeiter und Lehrlinge eines landwirtschaftlichen Betriebes nach der Zwiebelernte in Gänsefurth, Sachsen-Anhalt, aufgenommen 1956.

Tag der Arbeit in der Bundesrepublik: Umringt von Fahnenträgern hielt der Bundestagsabgeordnete und Vorsitzende der Gewerkschaft Gartenbau, Land- und Forstwirtschaft Heinz Frehsee (SPD) am 1. Mai 1958 auf dem Marktplatz vor dem Rathaus in Stuttgart eine Ansprache, in der er die geplante atomare Aufrüstung der Bundeswehr scharf kritisierte.

Auch die Bundesrepublik sparte nicht mit Propaganda: Der Volksbund für Frieden und Freiheit (VFF) wurde 1950 gegründet mit dem Ziel, anti-kommunistische und antisowjetische Agitation zu betreiben. Finanzielle Unterstützung erhielt er von der US-Regierung und aus Bundesmitteln. Im Einvernehmen mit den Regierungen des Bundes und der Länder startete der VFF 1950 einen Plakatfeldzug, der sich in erster Linie an die Arbeiter wandte und sie vor kommunistischen Werkspionen und Saboteuren in deutschen Betrieben warnen sollte. Die Plakate kamen in der gesamten Industrie zum Aushang und wurden in kleineren Formaten mit zusätzlichem Text auch den Lohntüten beigelegt.

Tag der Arbeit in der DDR: Die Feiern zum 1. Mai waren stets generalstabsmäßig organisiert. Es ging dabei wenig um die Belange der Arbeiter in den Betrieben, sondern meist vor allem um die Demonstration von Einigkeit und Macht, wie hier in Ost-Berlin 1959 vor dem Zeughaus Unter den Linden.

Der 13. Oktober wurde in der DDR als „Tag der Aktivisten" gefeiert. Oft erhielten Arbeiter, die ihre Normen vorbildlich erfüllt oder übererfüllt hatten, zu diesem Datum ihre Auszeichnungen. Der Festtag sollte an den Bergmann Adolf Hennecke erinnern, der am 13. Oktober 1948 seine Tagesnorm mit 387 Prozent übererfüllt hatte. Das Plakat des Freien Deutschen Gewerkschaftsbundes (FDGB) stammt aus dem Jahr 1951, die abgebildete Arbeiterin erhält das Abzeichen „Aktivist des Fünfjahrplans".

Eine deutsche Urlauberin auf dem Markusplatz in Venedig Ende der 1950er-Jahre. Italien war Sehnsuchtsort Nummer eins der Westdeutschen. Da sich jedoch nicht alle diesen Traum erfüllen konnten, sorgte die Industrie für Ersatz: Es gab die Eissorte Capri und die Eierravioli in der Dose, Autoreklame nutzte mediterrane Kulissen und in Schlagern wurde südliches Flair besungen.

Volleyballspieler am Strand an der Ostsee, aufgenommen Ende der 1950er-Jahre

Auch zu Hause konnte der Sommer schön werden: Das Ost-Berliner Strandbad Müggelsee war in den späten 1950er-Jahren ebenso beliebt wie sein westliches Pendant am Wannsee.

Anfang des Jahrzehnts haben die meisten Deutschen noch nicht die Möglichkeit, im Urlaub zu
verreisen. Deshalb gönnen sie sich am Wochen-
ende Ausflüge in die Umgebung, für die sie meist
das Fahrrad oder die 1949 gegründete Deutsche
Bundesbahn nutzen. Auch das Wandern steht hoch
im Kurs, sodass sich die Ausflugslokale an Seen, die
Biergärten und Berggasthöfe bald füllen. Der tradi-
tionelle Ausflug am Vatertag dient vielen Männern
als Vorwand, um sich gesellschaftlich sanktioniert
zu betrinken, wie hier an Christi Himmelfahrt 1956
am West-Berliner Wannsee.

Ausflugslokal in West-Berlin an der Havel, 1959

Ausflüglerinnen bei einer Fahrt im Spreewald, aufgenommen im August 1953

Oberhof im Thüringer Wald galt als das „St. Moritz" des Ostens. Auf der Liegewiese vor dem „Haus der Freundschaft" im FDGB-Ferienheim „Stachanow" erholten sich die Werktätigen in Liegestühlen, aufgenommen am 16. Juni 1954. Der FDGB-Feriendienst bot subventionierte Reisen in die Ferienheime des Gewerkschaftsbunds. Damit das funktionierte, waren zahlreiche Hotels und Pensionen in Urlaubsregionen enteignet worden.

Keine Art zu reisen erfreute sich in den 50er-Jahren so großer Beliebtheit wie das Zelten. Der Campingurlaub schonte die schmale Reisekasse und befriedigte die Sehnsucht nach der Natur. Im Unterschied zu heute war das Übernachten im Freien zunächst auch noch nicht reglementiert. Das eigene Zelt ließ sich praktisch überall aufschlagen, wie hier am Rheinufer 1958. Im Hintergrund ist der Drachenfels zu sehen.

Auch das Zelten war in der DDR nicht nur Privatvergnügen. Vor allem die Jugendorganisation Freie Deutsche Jugend organisierte große Zeltla-ger. Beispielsweise fand vom 27. bis 30. Mai 1950 in Ost-Berlin das erste „Deutschlandtreffen der Jugend für Frieden und Völkerfreundschaft" statt. Organisiert wurde das Treffen von der FDJ der DDR und der zu dieser Zeit noch nicht verbotenen FDJ der BRD.

1952 gewinnt der VfB Stuttgart in Ludwigshafen mit einem 3:2 gegen den 1. FC Saarbrücken die Deutsche Fußballmeisterschaft.

Zwei Jahre später wurde Hannover 96 Deutscher Meister. Hier sind Anhänger des im Endspiel unterlegenen 1. FC Kaiserslautern auf der Tribüne im Hamburger Volksparkstadion zu sehen.

Der Sport hatte auch in der DDR eine Funktion, die über die reine Leibesertüchtigung hinausging. Über die Leistungen seiner Spitzensportler versuchte der Staat, internationale Anerkennung zu erlangen. Auf dem Foto sind Sportlerinnen bei Massenübungen im Zentralstadion Leipzig während des II. Deutschen Turn- und Sportfestes vom 2. bis 5. August 1956 zu sehen.

Voller Spannung verfolgen diese Zuschauer ein Fußballspiel in der DDR.

Wer jung war, der tanzte in den 50ern, und zwar wild und ausgelassen, sodass die Erwachsenen die Köpfe schüttelten. Der Modetanz schlechthin war natürlich der Rock 'n' Roll, aber es gab auch noch den Boogie-Woogie, den Twist und den Bossa Nova. Das Foto zeigt das Siegerpaar bei der Deutschen Meisterschaft im Jitterbug-Boogie-Woogie im Dezember 1952 in der Sporthalle am Berliner Funkturm.

Eine Gruppe von Tanzpaaren zeigt den DDR-Tanz Lipsi, der Anfang 1959 als östliche Alternative zum als dekadent gebrandmarkten Rock 'n' Roll vorgestellt wurde.

IMPRESSUM:

Alle Abbildungen: © dpa Picture-Alliance, Frankfurt am Main

Lizenzausgabe 2016 für den Elsengold Verlag, Berlin

Der Palm Verlag ist ein Imprint des Elsengold Verlages.

© Palmedia Publishing Services GmbH, Berlin 2016

Gestaltung und Satz: Felgner & Zierke, Berlin

Printed in Slovenia

ISBN 978-3-944594-39-2